U0877018

广东省生态环境损害赔偿制度与实践研究

张路路　禤嘉慧　陈佳亮　宋　烺　张端枫　等/编著

中国环境出版集团·北京

图书在版编目（CIP）数据

广东省生态环境损害赔偿制度与实践研究 / 张路路等编著. -- 北京 : 中国环境出版集团, 2025. 11.

ISBN 978-7-5111-6458-2

Ⅰ. D922.683.4

中国国家版本馆 CIP 数据核字第 2025RR9730 号

责任编辑 宋慧敏
封面设计 宋 瑞

GUANGDONG SHENG
SHENGTAI HUANJING SUNHAI PEICHANG
ZHIDU YU SHIJIAN YANJIU

出版发行 中国环境出版集团
（100062 北京市东城区广渠门内大街 16 号）
网 址：http://www.cesp.com.cn
电子邮箱：bjgl@cesp.com.cn
联系电话：010-67112765（编辑管理部）
发行热线：010-67125803，010-67113405（传真）

印 刷 北京建宏印刷有限公司
经 销 各地新华书店
版 次 2025 年 11 月第 1 版
印 次 2025 年 11 月第 1 次印刷
开 本 787 × 960 1/16
印 张 11.5
字 数 186 千字
定 价 49.00 元

编著委员会

张路路　禤嘉慧　陈佳亮　宋　烺　张端枫

张景茹　杨泽涛　范　彬　李　彬　王　林

谭昊言　张志娇　叶晓倞　余　璇　黄秋森

丘晓彤　郁倩倩　刘思佳　于凌云　景凡琪

佟宇俊　郭锦滔　程　凡　张　征　曹　俊

林伟彪　张　晖　张宏锋　王明旭　许　冲

庄长伟　梁龙妮　沈伟航

前言

生态环境损害赔偿制度是生态文明制度体系的重要组成部分。党的十八大以来，习近平总书记多次指出“我国生态环境保护中存在的突出问题大多同体制不健全、制度不严格、法治不严密、执行不到位、惩处不得力有关”，并强调“严格落实生态环境损害赔偿制度”。生态环境损害赔偿制度以“环境有价，损害担责”原则为指导，通过法律与技术手段定损追责，推动受损生态环境及时得到修复，为破解“企业污染，群众受害，政府买单”难题提供了中国方案，是全面依法治国在生态环境损害救济领域的鲜活体现，也是贯彻习近平生态文明思想“用最严格制度最严密法治保护生态环境”原则的重要制度设计。

我国生态环境损害赔偿制度改革工作自2015年开始地方试点，2017年开启全国试行，到现在的常态化运行和统筹推进，已经走过十年历程。十年来，在中央和地方的共同努力推进下，通过法律完善、机制创新和多元实践，改革取得了显著成效。《中华人民共和国民法典》“侵权责任编”专设条文规定生态环境损害赔偿责任，将改革成果上升为国家法律。《中华人民共和国土壤污染防治法》《中华人民共和国固体废物污染环境防治法》《中华人民共和国长江保护法》等专项法中也纷纷纳入生态环境损害赔偿相关内容，为制度实施筑牢法律根基。从开始的以磋商为核心的索赔机制、“修复优先”的目标机制，到后面多元的责任承担机制、惩罚性赔偿的威慑机制、与公益诉讼的互补机制以及简单案件办理机制，不断的机制创新推动我国生态环境损害赔偿制度持续完善并形成极具特色的中国生态环境治理经验。在实践方面，截至

2024年底，全国共办理生态环境损害赔偿案超过5万件，涉及赔偿金额超过300亿元，为持续深入打好污染防治攻坚战、保障国家生态安全、推进美丽中国建设提供了有力支撑。

广东省作为中国经济第一大省，随着经济社会迅速发展，工业生产持续迭代升级，社会公众的环保意识也在不断提升，对提高重大恶性生态环境事件的违法成本、降低生态环境风险有着强烈的诉求。广东省自2018年开展生态环境损害赔偿工作以来，通过《生态环境损害赔偿制度改革实施方案》《广东省生态环境损害赔偿工作办法（试行）》等文件奠定了制度基础。各地积极开展制度和案例探索，积累了全领域、多部门、高水平的案例实践，尤其是在办理生态环境损害数额高、案情复杂的大案方面有着兼顾规范性和创新性的做法，探索了行检密切衔接、规范开展损害调查、科学划分多个赔偿义务人责任、高效修复等多个方面的经验，有效推动生态环境损害赔偿制度落地落实落细。

本书在详细介绍生态环境损害赔偿制度的理论基础和国内外制度实践基础上，重点对广东省省、市两级的生态环境损害赔偿改革工作实施情况和典型案例进行全面梳理与系统总结。全书共包括6章：第1章对生态环境损害赔偿制度的基本理论进行系统阐述，明确其相关概念、理论基础，以及在环境法学领域的研究现状；第2章对国内外生态环境损害赔偿制度现状作了详细说明，为读者理解广东省后续的制度建设与案例实践铺垫理论基础；第3章从案件办理的各环节对广东省制度建设和实践经验进行梳理分析，从而全面展示广东省制度改革成效和经验；为展现广东省在市级层面的制度和实践经验，第4章精选了6个典型地市，分享制度建设的典型做法和案例实践情况；第5章在前述章节的基础上分析广东省制度实践存在的不足之处并提出改进建议，这些问题也是其他省份常见的难点堵点，解决这些问题是统筹推进生态环境损害赔偿的发力点；第6章挑选广东省19个典型案例，从案件线索的发现、调查取证的推进，到赔偿磋商的开展以及修复监督的落实等各个环节进行梳理，深入挖掘其中的成功经验与创新举措。本书包含广东省省、市两级生态环境损害赔偿的制度建设亮点和典型案例，旨在充分展现广东省生态环境损害赔偿工作的成就和经验，可供政策制定者、科研人员、办案人员、执法人员、司法鉴定人等相关专业的学者、从业人员和社会公众参考，以期为广东省及其他省份统筹推进生态环境损害赔偿，切实用最严格制度、最严密法治守护绿水青山提供启发。

本书的完成基于团队近几年深耕生态环境损害赔偿的研究成果。广东省环境科学研究院作为司法鉴定机构、生态环境部第一批环境损害鉴定评估推荐机构，开展了“广东省生态环境损害赔偿制度改革成效评估”“广东省高质量推动生态环境损害赔偿制度改革实践技术支撑”等研究，共完成鉴定评估案例 400 余起。随着实践经验的积累和不断的思考，团队对于生态环境损害赔偿制度的理解也在不断深化。在本书编著过程中，广东省生态环境厅法规与标准处处长范瑞，副处长孙贵义，调研员曾志宏、赵扬，科员王舒莹等同志给予了大力支持和指导，在此表示衷心的感谢。

由于时间仓促，本书不足之处在所难免，敬请广大读者批评指正。

编著者

2025 年 5 月

目录

第1章 生态环境损害赔偿制度的相关概念与理论基础

本章将介绍生态环境损害赔偿以及有关重要制度的概念，并从思想基础、法学以及经济学三方面论述生态环境损害赔偿制度的理论基础。在梳理生态环境损害赔偿理论论争、实践研究、与环境民事公益诉讼的衔接等重要议题的研究基础上，归纳理论和实践的研究焦点。

1.1 制度概述

1.1.1 生态环境损害赔偿制度的概念

生态环境损害赔偿制度是生态文明制度体系的重要组成部分，也是《中华人民共和国民法典》确定的环境法律制度，是生态产品价值实现机制的组成部分。《中共中央 国务院关于全面推进美丽中国建设的意见》将生态环境损害赔偿制度纳入美丽中国建设保障体系中。

现有研究成果将生态环境损害赔偿制度概念解构为生态环境损害和赔偿两方面，先定义生态环境损害的概念，再对赔偿的主体、范围、程序等构成要素进行阐释，从而概括其内涵。

关于生态环境损害，在生态环境损害赔偿制度的语境中，生态环境损害是指因污染环境、破坏生态造成大气、地表水、地下水、土壤、森林等环境要素和植物、动物、微生物等生物要素的不利改变，以及上述要素构成的生态系统功能退化，[①] 即生态环境损害行为包括污染环境和破坏生态两种。吕忠梅认为，环境污染是在生产和生活中向自然环境排放污染或能量，引起自然环境和自然空间的化学、物理、生物等特定的改变，并危害公众健康或者破坏生态环境、造成环境质量恶化的现象。[②] 生态破坏行为是向环境过度索取物质和能量，不合理地使用自然环境，使环境要素的数量减少、质量降低，以致生态失衡、资源枯竭而危及人类和其他生物生存和发展。[③] 生态环境损害是一个技术性概念，在生态环境损害赔偿诉讼案件的审理中，环境损害事实的确定、损害结果的认定以及因果关系的判断等问题的解决需要科技类证据予以支撑，如鉴定评估报告。

关于赔偿，《中华人民共和国民法典》第一千二百三十五条将赔偿作为生态环境损害的救济手段，赋予国家规定的机关或者法律规定的组织向违法的责任人请求承担修复或者赔偿责任的请求权。赔偿是一个法律性概念，结合《中华人民共和国民法典》《生态环境损害赔偿管理规定》和有关司法解释，需要综合 5 个要素来理解赔偿的概念。

一是赔偿权利人。《生态环境损害赔偿管理规定》第六条将赔偿权利人的范围确定为“国务院授权的省级、市地级政府”，并允许“赔偿权利人可以根据有关职责分工，指定有关部门或机构负责具体工作。”广东省在制度文件中区分了省级和市级赔偿权利人负责办理的案件，“省内跨地级以上市的生态环境损害，由省政府管辖；其他生态环境损害，由损害结果发生地地级以上市政府管辖”；并根据《生态环境损害赔偿制度改革方案》文件精神，允许赔偿权利人指定其所属的自然资源、生态环境等承担相关生态环境和资源保护职责的部门或机构，“代表赔偿权利人具体负责各自职责范围内的生态环境

① 生态环境部等 14 家单位于 2022 年印发的《生态环境损害赔偿管理规定》。

② 吕忠梅：《环境法典编纂论纲》，载《中国法学》2023 年第 2 期，第 25-47 页。

③ 吕忠梅、窦海阳：《生态恢复论：环境侵权新法理》，北京：法律出版社，2022 年版，第 42 页。

损害赔偿调查与磋商、诉讼、损害修复监督管理、赔偿资金管理、信息公开等工作”。①

二是赔偿义务人。《生态环境损害赔偿管理规定》第八条将赔偿义务人的范围定为“违反国家规定，造成生态环境损害的单位或者个人”。确定赔偿义务人的关键在于其行为的违法性和造成的生态环境损害后果。结合《最高人民法院关于审理生态环境损害赔偿案件的若干规定（试行）》第六条，赔偿义务人除了指直接实施污染环境、破坏生态行为的单位或者个体，还包括虽然未直接实施行为，但共同造成了生态环境的损害后果而且依据法律规定应当承担责任的单位个体，包括存在弄虚作假行为的环境服务中介机构、实施帮助行为以及不作为行为的单位或者个体。②

三是责任的承担方式。生态环境损害赔偿制度虽然名称上含有“赔偿”，但是核心价值在于通过法定方式实现生态环境的修复，保障公众的环境权益。③《生态环境损害赔偿管理规定》明确区分了生态环境损害可以修复和不能修复两种情形，对于生态环境损害可以修复的，“应当修复至生态环境受损前的基线水平或者生态环境风险可接受水平”。对于生态环境损害无法修复的，“赔偿义务人应当依法赔偿相关损失和生态环境损害赔偿范围内的相关费用，或者在符合有关生态环境修复法规政策和规划的前提下，开展替代修复，实现生态环境及其服务功能等量恢复”。

四是责任的范围。《关于建立健全生态产品价值实现机制的意见》将生态环境损害赔偿制度的目标设定为推进生态环境损害成本内部化。生态环境损害成本的范围包括《中华人民共和国民法典》第一千二百三十五条所列的损失和费用。因此，赔偿义务人在承担修复责任的同时，还需要承担剩余的生态环境损害成本，包括生态环境损害调查、鉴定评估等事务性费用等。

五是请求权的实现方式。磋商和诉讼是请求权实现的两种途径，其中磋

---

① 广东省人民政府于 2020 年印发的《广东省生态环境损害赔偿工作办法（试行）》的第三条。

② 最高人民法院环境资源审判庭：《最高人民法院生态环境损害赔偿案件司法解释理解与适用》，北京：人民法院出版社，2023 年版，第 95 页。

③ 最高人民法院环境资源审判庭：《最高人民法院生态环境损害赔偿案件司法解释理解与适用》，北京：人民法院出版社，2023 年版，第 30 页。

商为前置程序，磋商不成，赔偿权利人或者办案部门应当及时提起诉讼。

综上，本书对生态环境损害赔偿制度的定义为：省级、市地级政府或者其指定的部门，通过磋商或者诉讼，请求违反国家规定造成生态环境损害的单位或者个人承担赔偿责任，推动受损生态环境修复到位的制度。

1.1.2 环境民事公益诉讼的概念

《最高人民法院关于生态环境侵权民事诉讼证据的若干规定》第一条规定："生态环境保护民事公益诉讼案件，包括环境污染民事公益诉讼案件、生态破坏民事公益诉讼案件和生态环境损害赔偿诉讼案件。"环境污染民事公益诉讼指国家规定的机关或者法律规定的组织对污染环境等损害环境公共利益的行为向人民法院提起的诉讼。生态破坏民事公益诉讼指国家规定的机关或者法律规定的组织对破坏生态等损害环境公共利益的行为向人民法院提起的诉讼。[①]

环境民事公益诉讼与生态环境损害赔偿诉讼在提起主体、诉讼目的、起诉条件、诉讼程序等方面存在区别：①提起主体方面，环境民事公益诉讼由检察机关、符合法定条件的社会组织提起，生态环境损害赔偿诉讼由省级、市地级人民政府及其指定的相关部门、机构提起。②诉讼目的方面，环境民事公益诉讼的目的在于维护生态环境领域的公共利益，生态环境损害赔偿诉讼的目的则在于"体现环境资源生态功能价值，促使赔偿义务人对受损的生态环境进行修复"。[②]③起诉条件方面，生态环境损害赔偿诉讼只能在造成生态环境损害之后提起，而针对已经损害社会公共利益或者具有损害社会公共利益重大风险的污染环境、破坏生态的行为，法律规定的机关和有关组织可以提起环境民事公益诉讼。④诉讼程序方面，生态环境损害赔偿诉讼有政府诉前磋商前置程序，无须公告，而环境民事公益诉讼无须诉前磋商，人民

① 最高人民法院环境资源审判庭：《最高人民法院生态环境侵权民事证据规定理解与适用》，北京：中国法制出版社，2023年版，第33-34页。

② 中共中央办公厅、国务院办公厅于2017年印发的《生态环境损害赔偿制度改革方案》。

检察院提起民事公益诉讼需要公告。[①]

1.1.3　环境损害司法鉴定和生态环境损害鉴定评估的概念

委托司法鉴定机构出具鉴定意见，或委托生态环境部等国务院相关主管部门推荐的机构出具鉴定评估报告，是《生态环境损害赔偿管理规定》规定的开展生态环境损害调查的两条途径。《环境损害司法鉴定执业分类规定》第二条将环境损害司法鉴定定义为：环境损害司法鉴定是指在诉讼活动中鉴定人运用环境科学的技术或者专门知识，采用监测、检测、现场勘察、实验模拟或者综合分析等技术方法，对环境污染或者生态破坏诉讼涉及的专门性问题进行鉴别和判断并提供鉴定意见的活动。

《生态环境损害鉴定评估技术指南　总纲和关键环节　第 1 部分：总纲》（GB/T 39791.1—2020）将生态环境损害鉴定评估定义为：按照规定的程序和方法，综合运用科学技术和专业知识，调查污染环境、破坏生态行为与生态环境损害情况，分析污染环境或破坏生态行为与生态环境损害间的因果关系，评估污染环境或破坏生态行为所致生态环境损害的范围和程度，确定生态环境恢复至基线并补偿期间损害的恢复措施，量化生态环境损害数额的过程。

二者在知识背景和技术方法上存在一致性，但又在阶段、主体和内容上存在区别：①阶段方面，环境损害司法鉴定是在诉讼活动中开展的活动，而生态环境损害鉴定评估不要求在诉讼活动中开展，在生态环境损害赔偿制度中，生态环境损害鉴定评估通常在环境损害调查阶段开展。②主体上，环境损害司法鉴定要求由司法鉴定人实施与负责，而生态环境损害鉴定评估对实施主体无强制性要求，通常由生态环境部等国务院相关主管部门推荐的机构负责。③内容上，环境损害司法鉴定侧重于解决环境污染或者生态破坏诉讼涉及的专门性问题，而生态环境损害鉴定评估侧重于对生态环境损害情况的全面分析。

---

① 最高人民法院环境资源审判庭：《最高人民法院生态环境侵权民事证据规定理解与适用》，北京：中国法制出版社，2023 年版，第 34-35 页。

1.2 理论基础

1.2.1 思想基础

生态环境损害赔偿制度是习近平生态文明思想与习近平法治思想的交汇点之一。[①]在体现习近平生态文明思想方面，生态环境损害赔偿制度通过追究赔偿义务人的赔偿责任，形成遏制违法损害生态环境行为的外部压力，同时激发全社会共同呵护生态环境的内生动力，是贯彻落实习近平生态文明思想"用最严格制度最严密法治保护生态环境"原则的重要举措，也是"源头预防、过程控制、损害赔偿、责任追究"生态环境保护体系的重要一环。[②]同时，生态环境损害赔偿制度着力于使受损的生态环境得到有效修复，控制环境风险，从而为人民群众生产生活提供优良的生态环境，诠释了"良好生态环境是最普惠的民生福祉"理念。

党的十八大以来，习近平总书记多次指出："我国生态环境保护中存在的突出问题大多同体制不健全、制度不严格、法治不严密、执行不到位、惩处不得力有关。"[③]生态环境损害赔偿制度以"环境有价，损害担责"原则为指导，通过法律与技术手段定损追责，让破坏生态环境的责任者付出相应代价，与生态保护补偿的正向激励共同实现了生态环境正、负外部性的内部化，[④]践行了绿水青山就是金山银山的理念。

坚持全面推进科学立法、严格执法、公正司法、全民守法是习近平法治思想的"十一个坚持"重要内涵之一。[⑤]生态环境损害赔偿制度从诞生之初

---

① 吕忠梅：《习近平生态文明思想的"最严法治"论》，载《法学》2024年第5期，第3-20页。

② 中共中央宣传部、中华人民共和国生态环境部：《习近平生态文明思想学习纲要》，北京：学习出版社、人民出版社，2022年版，第86页。

③ 习近平：《加强生态文明建设必须坚持的原则》（2018年5月18日），载《习近平谈治国理政》第三卷，北京：外文出版社，2020年版，第363页。

④ 国家发展和改革委员会：《〈关于建立健全生态产品价值实现机制的意见〉辅导读本》，北京：人民出版社，2023年版，第163页。

⑤ 中共中央宣传部、中央全面依法治国委员会办公室：《习近平法治思想学习纲要》，北京：人民出版社、学习出版社，2021年版。

到目前的全面深化，均是全面依法治国在生态环境损害救济领域的鲜活体现。在科学立法方面，《中华人民共和国民法典》《中华人民共和国固体废物污染环境防治法》等法律关于生态环境损害赔偿的规定坚持从实践中来、到实践中去，对生态环境损害赔偿案件办理针对性、适用性和可操作性较强。在严格执法方面，生态环境损害赔偿制度与行政执法在线索筛查、损害调查、赔偿责任履行等环节的有机衔接，有效通过“损害担责”提升了违法成本，充分体现执法必严、违法必究的要求；同时，将赔偿义务人积极履行生态环境损害赔偿责任的情况作为行政处罚从轻、减轻或者免予处理的情节，又让执法兼具力度和温度。在公正司法方面，生态环境损害赔偿诉讼依法追究损害生态环境责任者的赔偿责任，推动受损的生态环境得到修复，有效救济被侵害的生态环境公益。在全面守法方面，生态环境损害赔偿案件的办理以及典型案例的宣传，有效普及“环境有价、损害担责”的理念，增强全民生态环境法治理念。

1.2.2　法学理论基础

（1）生态环境损害赔偿诉讼的法学理论基础

王泽鉴在《损害赔偿》一书中描述损害赔偿制度的来源：在风险社会下，国家对人民负有安全保障义务，防治危险、事后救济亦属重要，其重点在于建构损害或损失赔偿（补偿）制度。① 现代社会风险的公共性、双面性、技术性特征决定了对风险的规制不可能单纯通过私人自治处理，也不可能片面依赖公共管制。② 生态环境损害赔偿制度是为了弥补传统“命令－控制”型行政手段在责任追究范围上的缺陷，而创设的一种行政机关履行国家环境保护义务的新方式。③

自《生态环境损害赔偿制度改革方案》出台以来，法学界关于生态环境

① 王泽鉴：《损害赔偿》，北京：北京大学出版社，2017 年版，第 11 页。

② 吴英姿：《论生态环境损害赔偿磋商协议的司法确认》，载《清华法学》2023 年第 17 卷第 5 期，第 111-127 页。

③ 彭中遥等：《生态环境损害法律问题论争》，武汉：武汉大学出版社，2023 年版，第 16 页。

损害赔偿诉讼性质的争论此起彼伏。王树义等在《环境法学重大理论问题论争》[①]一书中梳理了有关观点，分别为公益诉讼说、私益诉讼说、国益诉讼说、混合诉讼说、特殊诉讼类型说等。众多的观点乱花渐欲迷人眼，也让理论和实践存在一定程度的脱节。该争论直至《中华人民共和国民法典》出台方才偃旗息鼓。《最高人民法院关于生态环境侵权民事诉讼证据的若干规定》在其第一条规定："生态环境保护民事公益诉讼案件，包括环境污染民事公益诉讼案件、生态破坏民事公益诉讼案件和生态环境损害赔偿诉讼案件。"《中华人民共和国民法典》和《最高人民法院关于生态环境侵权民事诉讼证据的若干规定》的规定支持了公益诉讼说，与林莉红等在《论生态环境损害赔偿诉讼与环境民事公益诉讼之关系定位》一文中的观点契合：生态环境损害赔偿诉讼旨在通过对生态环境损害进行修复、赔偿，最终实现对生态环境社会公共利益的救济，这与环境民事公益诉讼保护环境公共利益的目的并无二致。[②]

在法学理论层面，生态环境损害赔偿诉讼制度植根于民法中的侵权责任，但又因生态环境损害在性质、赔偿权利人、赔偿方法等关键要素上的特征，生态环境损害与传统的民法损害存在区别，从而引申出生态环境损害赔偿案件办理中兼顾公法和私法、法律与技术、政府与个体这一系列更为复杂的规则和要求。对于生态环境损害赔偿诉讼制度，彭中遥等将其概括为"具有融合民事公益诉讼与环境行政执法的'混血'特征"。[③]

（2）生态环境损害赔偿磋商制度的法学理论基础

对于生态环境损害赔偿磋商制度，主流观点认为，生态环境损害赔偿责任是"公法责任、私法实现"。[④]在公益诉讼之下，生态环境损害赔偿责任"私法实现"的主要途径是磋商，生态环境损害赔偿制度最显著的特征也是磋商。孙佑海等认为，磋商的法律性质本质上是一种行政法律关系，但手段采用了

① 王树义等：《环境法学重大理论问题论争》，北京：中国社会科学出版社，2022 年版，第 222-227 页。

② 林莉红，邓嘉咏：《论生态环境损害赔偿诉讼与环境民事公益诉讼之关系定位》，载《南京工业大学学报（社会科学版）》2020 年第 19 卷第 1 期，第 37-46 页，第 111 页。

③ 彭中遥：《生态环境损害赔偿诉讼制度研究》，北京：中国社会科学出版社，2022 年版，第 161 页。

④ 彭中遥等：《生态环境损害法律问题论争》，武汉：武汉大学出版社，2023 年版，第 16 页。

民事性的方式。[①]《生态环境损害赔偿管理规定》第二十二条规定了磋商的内容，包括“修复方案、修复启动时间和期限、赔偿的责任承担方式和期限等具体问题。”显然磋商的内容属于公法的范畴，但在磋商中赔偿权利人或者其指定的办案部门与赔偿义务人地位平等，采用民事“你情我愿”的方式开展磋商。实践中的法律难点在于磋商的空间和边界如何确定。

吴英姿认为，磋商不是在损害事实和赔偿责任问题上的讨价还价，而是就落实责任的方式、期限、进度等方案进行讨论，重点在于保证方案成本控制、科学可行，争取效益最大化的修复效果，因此索赔权的主张、处分空间都非常有限。[②]史会剑认为，赔偿义务人对鉴定评估结论、调查评估后确定的环境损害事实、损害责任有异议且能够提供足够证据的，可以就上述内容进行磋商。[③]在广东省内，东莞市等地区在制度文件中规定赔偿责任的整体不可磋商。

笔者认为，磋商的目的是促成生态环境损害赔偿协议的达成，最终促进受损生态环境的修复。鉴定评估费用可能因为损害调查方案的优化而降低，修复费用可能因为修复方案的调整而上涨，多个赔偿义务人责任的划分可能因为原因力判断因素的重新认定而变化。在法律层面，现有的研究倾向于将修复责任和赔偿责任视为不能改变的整体。但是在案件实际办理中，由于其中鉴定评估方法适用的差异和损害事实构成要素存在的分歧，损害事实和赔偿责任实际处于波动的状态。因此，允许赔偿义务人在有依据的情况下，对损害事实和责任划分等涉及其利益的事项提出意见，更有利于避免“虚假磋商”，推动赔偿义务人认可其应当承担的生态环境损害赔偿责任，从而推动制度目标的达成。

---

① 孙佑海等：《生态环境损害赔偿立法研究》，北京：中国社会科学出版社，2023 年版，第 21 页。

② 吴英姿：《论生态环境损害赔偿磋商协议的司法确认》，载《清华法学》2023 年第 17 卷第 5 期，第 111-127 页。

③ 史会剑：《生态环境损害赔偿制度理论与实践研究》，北京：中国环境出版集团，2020 年版，第 78 页。

1.2.3 经济学理论基础

汪劲将环境问题的主要原因概括为市场失灵、政策失误、科学的不确定性和国际贸易的影响。[①] 环境经济学的研究重点是无法进行商品性开发的、以外部性为主要功能的环境资源。[②] 在环境经济学的语境下讨论生态环境损害赔偿制度，重点在于分析外部性理论是如何被运用到生态环境损害赔偿制度中，应对环境问题背后的市场失灵。

外部性理论被广泛用于分析对生态环境的影响和生态环境保护中，并成为生态经济学和环境经济学研究的基础理论之一。[③] 外部性是一个广泛的概念，涵盖了许多市场失灵的原因，外部性影响或外部性可正可负。[④] 生态环境损害赔偿制度作为负向约束机制，通过“谁损害、谁赔偿”实现生态环境负外部性内部化，[⑤] 从而应对环境问题的市场失灵。在生态环境损害赔偿制度中，生态环境负外部性指由于赔偿义务人的生态环境违法行为带来的《中华人民共和国民法典》第一千二百三十五条所列的损失和费用，内部化指由赔偿义务人承担其生态环境违法行为带来的损失和费用，通过损害担责消除违法行为带来的环境负面影响（即生态环境损害），并通过提升违法成本倒逼生产经营者守法。

1.3 研究现状

自 2015 年《生态环境损害赔偿制度改革试点方案》印发以来，生态环境

---

① 汪劲：《环境法学（第四版）》，北京：北京大学出版社，2018 年版，第 9-11 页。

② 厉以宁、章铮：《环境经济学》，北京：中国计划出版社，1995 年版，第 4 页。

③ 史会剑：《生态环境损害赔偿制度理论与实践研究》，北京：中国环境出版集团，2020 年版，第 24 页。

④ 汤姆 · 蒂坦伯格、琳恩 · 刘易斯：《环境与自然资源经济学》（第十一版）（王晓霞等译），北京：中国人民大学出版社，2021 年版，第 21 页。

⑤ 王金南、刘桂环：《完善生态产品保护补偿机制，促进生态产品价值实现》，载《中国经贸导刊》2021 年第 11 期，第 44-46 页。

损害赔偿制度已然成为我国环境与资源保护法学研究之热点议题。[①] 为分析生态环境损害赔偿制度的研究现状，笔者以“生态环境损害赔偿”为关键词，在中国知网搜索发表时间在 2022 年 4 月 26 日 [②] 至 2025 年 2 月 1 日的学术期刊论文，以相关度排序，共筛选出 210 篇论文。这 210 篇以生态环境损害赔偿为主题的论文中，研究重点集中在生态环境损害赔偿与环境民事公益诉讼的衔接（28 篇）、磋商制度（25 篇）。结合有关专著，本节集中从 4 个方面讨论生态环境损害赔偿的研究现状：一是生态环境损害赔偿制度的理论争论，二是生态环境损害赔偿实践研究，三是生态环境损害赔偿诉讼制度与环境民事公益诉讼的衔接研究，四是生态环境损害数额的确定。

1.3.1　生态环境损害赔偿制度的理论争论

学界关于生态环境损害赔偿制度的理论争议集中于磋商、诉讼、司法确认和生态环境修复 4 个环节的法律性质。王树义等认为生态环境损害赔偿诉讼、生态环境修复的法律性质是环境法学重大理论问题论证九大论争之二。[③]

（1）磋商的法律性质

彭中遥将生态环境损害赔偿磋商制度法律性质论争的内容概括为“私法解释论”、“双阶构造解释论”和“协商行政解释论”，[④] 反映了生态环境损害赔偿磋商制度诞生以来，法学界对该制度理解从私法向公法过渡的变迁。

“私法解释论”的核心在于将赔偿权利人（包括办案部门）和赔偿义务人视作平等主体，[⑤] 并采取平等协商方式进行磋商。[⑥] 但是因为“私法解释论”无法掩盖生态环境损害赔偿制度运行过程中，尤其是损害调查中，赔偿权利人

---

① 彭中遥：《生态环境损害赔偿诉讼制度研究》，北京：中国社会科学出版社，2022 年版，第 8 页。

② 《生态环境损害赔偿管理规定》于 2022 年 4 月 26 日印发，该文件标志着生态环境损害赔偿制度走向常态化，故以该文件印发日期作为探究研究现状的时间起点。

③ 王树义等：《环境法学重大理论问题论争》，北京：中国社会科学出版社，2022 年版。

④ 彭中遥等：《生态环境损害法律问题论争》，武汉：武汉大学出版社，2023 年版。

⑤ 李兴宇：《生态环境损害赔偿磋商的性质辨识与制度塑造》，载《中国地质大学学报（社会科学版）》2019 年第 19 卷第 4 期，第 44-56 页。

⑥ 武建华：《从五个方面完善生态环境损害赔偿磋商机制》，2018 年 9 月 12 日《人民法院报》第 8 版。

（包括办案部门）浓郁的公权力色彩，法学界尝试通过“双阶构造解释论”重构磋商制度。“双阶构造解释论”将磋商制度解构为“前阶公法阶段”和“后阶私法阶段”，[①]“赔偿权利人－赔偿义务人”之民事法律关系（磋商形成及履行阶段）为“后阶私法阶段”。[②]通过将公权力色彩浓郁的案件启动、损害调查与具有私法特色的磋商、诉讼区分开。但是彭中遥等学者认为，“双阶构造解释论”并未完全脱离主流论调所秉持的司法解释路径之窠臼，[③]环境公共利益的非处分性以及程序的单方选择性使得行政权力在生态环境损害赔偿磋商过程中占据了绝对的主导地位，且决定了生态环境损害赔偿磋商区别于平等主体之间的意思自治。[④]“协商行政解释论”将生态环境损害赔偿磋商视为一种兼具权力柔化与平等协作机理的协商性行政执法行为，是行政机关为实现维护环境公共利益之公法目的，而运用平等协商之司法手段的行政权行使之新样式。[⑤]

（2）诉讼的法律性质

王树义等将关于生态环境损害赔偿诉讼性质的学术分歧归纳为6个学术观点——公益诉讼说、私益诉讼说、国益诉讼说、“混合诉讼说”、特殊“环境民事公益诉讼说”和特殊“私益诉讼说”，并认为环境民事公益诉讼吸收生态环境损害赔偿诉讼的观点日益成为学界主流。[⑥]2023年8月出台的《最高人民法院关于生态环境侵权民事诉讼证据的若干规定》将环境污染民事公益诉讼案件、生态破坏民事公益诉讼案件和生态环境损害赔偿诉讼案件归为生态环境保护民事公益诉讼案件，印证了王树义等的观点。

---

① 刘巧儿：《生态环境损害“赔偿权利人”的解释论分析》，载《中南林业科技大学学报（社会科学版）》2018年第12卷第4期，第13-19页。

② 刘莉、胡攀：《生态环境损害赔偿磋商制度的双阶构造解释论》，载《甘肃政法学院学报》2019年第1期，第37-46页。

③ 彭中遥等：《生态环境损害法律问题论争》，武汉：武汉大学出版社，2023年版，第30页。

④ 程欣怡：《生态环境损害赔偿磋商制度的理论困境与突破》，载《环境资源与能源法评论（第5辑）》，北京：中国社会科学出版社，2023年版，第65页。

⑤ 彭中遥等：《生态环境损害法律问题论争》，武汉：武汉大学出版社，2023年版，第33-34页。

⑥ 王树义等：《环境法学重大理论问题论争》，北京：中国社会科学出版社，2022年版，第222-227页。

（3）司法确认的性质

生态环境损害赔偿司法确认制度是近年来生态环境损害赔偿制度研究的热点之一。关于其性质，学界的主流观点是公法和私法的结合，但是具体的表述存在差异。王灿发等认为其是“公法性质、私法操作”，[①] 吴英姿认为其是“兼具公法和私法双重法律属性的结合”。[②]

（4）生态环境修复的法律性质

因生态环境修复与“环境修复”“生态修复”“污染环境修复”等词汇存在关联和异同，从正面定义生态环境修复的难度较大。王树义等认为，更多的学者没有对生态环境修复进行明确定义，但是突出生态环境修复是救济环境公共利益的责任形式，认为生态环境修复责任是恢复原状民事责任的体现及拓展，但二者救济的权利和利益不同。[③] 吕忠梅等从民事立法和环境法的角度，分析了“修复生态环境”的定位。在民事立法中，恢复原状费用请求权并非恢复原状的替代方式，但在司法实践中，由于生态环境修复的专业性，常采用赔偿义务人承担修复费用、第三方实施修复的方式；而在环境法角度，相比于恢复原状救济的是民事权利，生态环境修复救济的对象是环境公共权益。[④]

1.3.2　生态环境损害赔偿实践研究

生态环境损害赔偿制度实施以来，各地积极开展案例实践，积累了丰富的实践经验和研究样本，学界基于已发布的典型案例、裁判文书，对生态环境损害赔偿磋商以及诉讼两个重要工作环节的实践进行研究，分析生态环境损害赔偿实践中遇到的困境。

（1）磋商环节

在磋商方面，张辉等从生态环境部发布的第一批和第二批生态环境损害

① 王灿发、王政：《论生态环境损害赔偿司法确认制度的构建》，载《北京理工大学学报（社会科学版）2023 年第 5 期，第 83-94 页。

② 吴英姿：《论生态环境损害赔偿磋商协议的司法确认》，载《清华法学》2023 年第 17 卷第 5 期，第 111-127 页。

③ 王树义等：《环境法学重大理论问题论争》，北京：中国社会科学出版社，2022 年版，第 253-280 页。

④ 吕忠梅、窦海阳：《生态恢复论：环境侵权新法理》，北京：法律出版社，2022 年版，第 175 页。

赔偿磋商十大典型案例入手，对案例的成功经验和不足进行了归纳，并进一步分析了磋商制度存在的赔偿义务人难以认定、涉及多个责任人的磋商规则欠缺等问题。[①] 韦超前等以生态环境部发布的第一批生态环境损害赔偿磋商十大典型案例为样本，对典型案例的磋商机制进行了梳理，并从规范磋商组织、鼓励公众参与、落实协议履行保障措施三方面对健全磋商机制提出建议。[②] 康京涛等以磋商第三人为切入点，对15个省份的生态环境损害赔偿磋商办法和生态环境部公布的赔偿磋商十大典型案例中磋商第三人的类型进行了梳理，认为磋商第三人存在法律性质不明、参与方式失灵、参与效力不足等问题，建议根据第三人类型的区别发挥不同的作用。[③] 冀鹏飞等在梳理2020年66个生态环境损害赔偿案例基础上，对磋商程序的功能定位为：生态环境公共利益救济的有效途径之一、行政权与司法权联动的关键纽带之一、通过合理分流案件以节约司法资源、通过规范程序正义以保障实质正义实现。[④]

（2）诉讼环节

在诉讼方面，冀鹏飞等以衔接为视角，以38个生态环境损害赔偿诉讼案例为样本，对磋商与司法确认的衔接，磋商与诉前协调的衔接，磋商与诉中调解、和解的衔接，磋商与执行的衔接等问题进行了分析，认为生态环境损害赔偿制度下一阶段的发展方向应集中于制度末端衔接规则的优化。[⑤] 赵新以181个生态环境损害赔偿诉讼案例为样本，归纳了生态环境损害赔偿诉讼面临的六大困境：央地有关诉讼适用范围的规定存在冲突、县级及以下政府与县级政府指定的相关部门或机构参与诉讼缺乏依据、生态环境损害赔偿责任承担方式仍要明确、生态环境损害赔偿责任与生态环境修复责任的适用规则亟须完善、生态环境损害赔偿范围有待界定、生态环境损害赔偿诉讼与环境

---

① 张辉、沈世伟、贾进宝：《生态环境损害赔偿磋商制度的实践研究——聚焦20起磋商优秀候选案例》，载《环境保护》2020年第48卷第11期，第48-54页。

② 韦超前、陈鑫：《生态环境损害赔偿磋商制度探析——基于十大典型案件的考察》，载《环境与可持续发展》2021年第46卷第2期，第134-137页。

③ 康京涛、何丽：《生态环境损害赔偿磋商第三人的角色失调与定位——基于15省份磋商办法与十大典型案例的分析》，载《中国环境管理》2022年第14卷第3期，第118-124页。

④ 吕忠梅等：《中国环境司法发展报告（2020年）》，北京：法律出版社，2021年版，第207页。

⑤ 吕忠梅等：《中国环境司法发展报告（2019年）》，北京：法律出版社，2020年版，第185页。

民事公益诉讼之间的衔接关系应予协调。[①] 陈露通过对 19 个生态环境损害赔偿诉讼案件进行研究，认为制度存在公法和私法混淆、架空相关行政法律规范、不利于发挥行政机关法律优势、不利于保护行政相对人等问题。[②] 陈幸欢以“生态环境损害额度之确定”为切入点，对第 24 批环境审判指导性案例进行研究，厘定“以鉴定或专家意见为基础＋法院适度调整＋法院酌定或类比推定”的额度确定“三层次规则”，并认为其中存在司法解释与行政规范性文件脱节、审判权受制于鉴定权导致裁判风险、法院调整系数和履行方式创新缺乏依据导致公信力不足等问题。[③]

1.3.3　生态环境损害赔偿诉讼制度与环境民事公益诉讼制度的衔接研究

生态环境损害赔偿制度相对于行政处罚、行政强制、刑事司法、环境民事公益诉讼、行政公益诉讼，属于新生事物，但其并不是无源之水或无根之木。生态环境损害赔偿制度的诞生或多或少借鉴了其他生态环境保护制度的内容，使得生态环境损害赔偿制度与其他生态环境保护制度之间存在重合。制度重合带来的衔接和适用问题成为学界研究的焦点，现有研究集中在生态环境损害赔偿诉讼制度与环境民事公益诉讼制度的衔接。

关于生态环境损害赔偿诉讼制度与环境民事公益诉讼制度，学界普遍认为两种制度高度相似，但又存在差异。李树训认为，两制度除早期推行时机和制度外观相近之外，核心规则建设方面也逐步靠拢，甚或重合，因此造成适用上的冲突。[④] 彭中遥认为，尽管“两诉”具有原因行为的同一性、适用范围的高度契合性以及诉讼目标的一致性，但二者同时在兴起缘由、理论基础、

---

① 赵新：《生态环境损害赔偿诉讼：缘何而生与应为何物——以 2041 份裁判文书为样本的实证研究》，载《昆明理工大学学报（社会科学版）》2023 年第 23 卷第 3 期，第 10-25 页。

② 陈露：《生态环境损害赔偿制度实证研究——以我国 19 个生态环境损害赔偿诉讼案件为例材》，载《四川环境》2021 年第 40 卷第 6 期，第 166-171 页。

③ 陈幸欢：《生态环境损害赔偿司法认定的规则厘定与规范进路——以第 24 批环境审判指导性案例为样本》，载《法学评论》2021 年第 39 卷第 1 期，第 153-164 页。

④ 李树训：《环境民事公益诉讼与生态环境损害赔偿诉讼的竞合及适用研究》，北京：知识产权出版社，2024 年版，第 58 页。

原告主体以及起诉条件等方面存在显著差异。[①] 尽管学界对两种制度的区分有充分的研究成果，但张博等认为，法院、检察院等实务部门依然难以从两类诉讼所侵害的法益、制度功能、救济方式等层面划分壁垒分明的界限，[②] 反映了实践的困境。

面对两制度竞合带来的实践难题，在生态环境法典编纂的契机下，学界对整合两制度的呼声日益高涨。汪劲等认为，在肯定生态环境损害赔偿诉讼优先审理规则前提下，应规定履行过前置程序的环境民事公益诉讼案件不适用生态环境损害赔偿诉讼优先审理规则，并规定行政机关在环境民事公益诉讼之后提起生态环境损害赔偿诉讼的，不宜优先审理，确保公益维护的及时性。[③] 李小强建议将两制度统合为“生态环境诉讼”，保留磋商作为前置程序，[④] 并与彭中遥、竺效等学者的观点类似，建立“以行政机关为基本求偿主体”“以环保组织（公众）为补充求偿主体”“以检察机关为主要监督主体”的“三位一体”、逐层递进的生态环境损害索赔主体机制。[⑤] 周虹以归责原则为切入点，建议两制度均采用以违法性为判断依据的过错归责原则，避免不同的主体对同一行为援引同一实体法依据进行追责而产生不同的法律后果之危险。[⑥]

1.3.4 生态环境损害数额的确定

生态环境损害数额的确定是生态环境损害赔偿案件办理的核心事实之一。实践中，生态环境损害数额的确定一般参考司法鉴定意见或者环境损害鉴定评估报告。但是随着实践的深入，无论是学界还是司法实务都越来越重视办

① 彭中遥：《生态环境损害赔偿诉讼制度研究》，北京：中国社会科学出版社，2022 年版，第 175 页。

② 吕忠梅等：《中国环境司法发展报告（2022 年）》，北京：法律出版社，2023 年版，第 200 页。

③ 汪劲等：《中国环境法典编纂要论·下卷》，北京：法律出版社，2023 年版，第 529-545 页。

④ 李小强：《论生态环境损害赔偿诉讼与环境民事公益诉讼的制度统合》，载《甘肃理论学刊》2021 年第 4 期，第 93-100 页。

⑤ 彭中遥：《生态环境损害赔偿诉讼制度研究》，北京：中国社会科学出版社，2022 年版，第 178-179 页。竺效：《生态损害公益索赔主体机制的构建》，载《法学》2016 年第 3 期，第 3-12 页。

⑥ 周虹：《论生态环境损害责任的归责原则——以环境民事公益诉讼与生态环境损害赔偿诉讼相衔接为视角》，载《法律适用》2023 年第 6 期，第 87-93 页。

案部门或者法院对生态环境数额的独立审查乃至独立计算。田亦尧等认为，从江苏泰州 1.6 亿元天价环境公益诉讼至广东近 30 亿元的环境公益诉讼赔偿案，“天价”已不再成为法律界“狂欢”的标签，而值得省思的是如何科学合理地确定生态环境损害数额。[①] 对此，刘静建议厘清不同文件中术语的对应关系，优先采取基本恢复措施，并将虚拟治理成本法作为补充性评估方法。[②] 陈伟认为，环境审判专业化背景下的法官应是生态环境损害额实质意义上的最终确定者，建议法庭除了对鉴定评估报告的合法性进行审查之外，还应对损害的确认、评估方法等方面进行基于方法论的合理性审查。[③]

1.3.5　研究述评

观察上述关于生态环境损害赔偿制度的研究，现有研究从不同角度对生态环境损害赔偿制度进行评价和建议，对于完善生态环境损害赔偿制度提供了富有建设性的参考。但是不难发现，现有研究离不开生态环境损害赔偿制度法学理论的讨论，而且存在法律与技术相对割裂的特点。生态环境损害赔偿案件的办理需要法律、政策和技术的有机结合，而案件的办理是落实生态环境损害赔偿制度的根本。因生态环境损害赔偿案件存在的“技术—法律—技术”办案阶段特征，对生态环境损害赔偿制度运行情况的分析及完善建议的提出亦需着眼于实实在在的案件，利用法律与技术有机结合的跨学科视角予以研究。

---

① 田亦尧、张文河：《环境损害司法鉴定意见可采性研究》，北京：法律出版社，2022 年版，第 84 页。

② 刘静：《生态环境损害赔偿诉讼中的损害认定及量化》，载《法学评论》2020 年第 38 卷第 4 期，第 156-167 页。

③ 陈伟：《生态环境损害额的司法确定》，载《清华法学》2021 年第 15 卷第 2 期，第 52-70 页。

第2章 国内外生态环境损害赔偿制度现状

我国生态环境损害赔偿制度经历了地方试点、全国推行、常态化运行3个阶段。从诞生到成熟的过程中，既参考了国外生态环境损害救济法律制度，又结合了我国生态环境司法本土特色，博采众长的制度设计理念使生态环境损害赔偿制度成为符合我国实际的生态环境损害公益救济路径。本章将从国外和我国两个维度梳理分析生态环境损害赔偿制度的现状，以展现生态环境损害赔偿制度发展历程。

2.1 国外生态环境损害赔偿制度情况

全球生态环境损害[①]赔偿制度的实践为我国相关制度的完善提供了重要的借鉴。美国、欧盟等通过立法创新和司法实践，形成了各具特色的制度体系。随着全球化进程的不断推进，跨国生态环境损害事件日益增多，如何在国际层面加强环境保护、减少跨界损害已成为全球共同关注的重大课题。对此，国际社会在跨界生态环境损害责任领域开展了积极的探索。

① “生态环境损害”在国际上的表述及内涵有所不同，美国称“自然资源损害”，欧盟称“环境损害”，我国称“生态环境损害”。为统一表述，在本书中统称为“生态环境损害”，具体到某一国家和地区时，以该国家和地区的规范性表述为准。

2.1.1　国际生态环境损害赔偿基本原则

鉴于环境问题的跨国性质，一国的环境问题常常超越国界，发展为区域性、流域性乃至全球性的问题。[①] 在国际环境法的发展过程中，许多环境法规范直接来源于各国的环境法律实践，并在国际法框架内对各国的环境法律实施提供指导。由于国际法和国内法在环境保护领域的紧密联系，许多全球性环境保护规则与各国的国内环境法高度一致。[②] 对我国而言，所缔结或参与的国际环境条约不仅构成环境法体系的重要来源，更对我国生态环境损害赔偿制度的构建起到了重要作用。[③]

生态环境损害赔偿制度是生态环境损害事后救济的终端环节，与前端的风险预防机制、应急响应制度以及后端的损害鉴定制度共同构成一个完整的制度闭环。在此框架下，与生态环境损害赔偿制度密切相关的国际环境法基本原则[④] 包括污染者负担原则、国家资源开发主权权利与不损害国外环境责任原则、损害预防原则、风险预防原则以及国际合作原则。

（1）污染者负担原则

污染者负担原则是指造成污染的一方应对自然环境导致的损害负担赔偿责任，而这项原则也被用来要求预防污染的成本应由污染者负担。[⑤] 该原则被视为一种区域性习惯，已获得中国、美国、欧盟、日本等国家和地区承认，且

① 徐崇利：《全球化趋势与“跨国法学”的兴起》，载《法商研究》2003 年第 96 卷第 4 期，第 59-66 页。

② 汪劲：《环境法学（第四版）》，北京：北京大学出版社，2018 年版，第 327 页。

③ 常纪文：《三十年中国环境法治的理论与实践》，载《中国地质大学学报（社会科学版）》2009 年第 9 卷第 5 期，第 28-42 页。於方、刘倩、齐霁等：《借他山之石完善我国环境污染损害鉴定评估与赔偿制度》，载《环境经济》2013 年第 11 期，第 38-47 页。

④ 秦天宝：《国际环境法基本原则初探——兼与潘抱存先生商榷》，载《法学》2001 年第 10 期，第 25-31 页。王曦：《国际环境法（第二版）》，北京：法律出版社，2005 年版，第 93-94 页。蔡守秋、常纪文：《国际环境法学》，北京：法律出版社，2005 年版，第 76-77 页。皮埃尔·玛丽·杜普、豪尔赫·E. 维努阿莱斯：《环境国际法》（胡斌、马亮译），北京：中国社会科学出版社，2021 年版，第 68-73 页。

⑤ OECD：The Polluter Pays Principle：Definition，Analysis，Implementation，Paris：Organization for Economic Co-operation and Development Publishing，2008.

具有坚实的经济学理论基础。[①] 该原则在国际环境法实践中多有运用。1941 年特雷尔冶炼厂仲裁案[②]中，根据仲裁庭的裁决结果，加拿大特雷尔冶炼厂 1932 年至 1937 年对美国华盛顿州造成的损害赔偿共计 78 000 美元。1978 年苏联核动力卫星坠毁事件[③]中，根据《空间物体所造成损害的国际责任公约》和国际法的一般规则，苏联向加拿大支付了大约求偿额一半的 300 万加拿大元。2006 年科特迪瓦毒垃圾事件[④]中，荷兰托克有限责任公司的一艘货船在科特迪瓦港口排放有毒残留物，造成人员伤亡惨剧，为此托克有限责任公司向科特迪瓦政府支付了 1.98 亿美元清理费用，并向受伤公众提供了 3 000 万英镑的赔偿。

（2）国家资源开发主权权利与不损害国外环境责任原则

国家资源开发主权权利与不损害国外环境责任原则是指根据《联合国宪章》和国际法原则，各国拥有按照本国的环境与发展政策开发本国自然资源的主权权利，并负有确保在其管辖范围内或在其控制下的活动不致损害其他国家或在各国管辖范围以外地区的环境的责任。[⑤] 该原则一方面承认国家对其资源和环境的主权权利，另一方面规定国家有义务避免对外部环境造成损害，从而平衡了国家主权与国际责任。[⑥]1941 年特雷尔冶炼厂仲裁案[⑦]确立了任何国家都没有权利使用或允许使用其领土，致使烟雾对他国领土、财产和人身造成损害的原则，从而确立了国家在行使资源主权时对跨界环境损害承担赔偿责任的司法先例。在 1949 年科孚海峡案[⑧]中，国际法院判决指出，一国不得允许其领土被用于损害他国权利的行为。1957 年拉努湖仲裁案[⑨]判决中，

---

① 汪劲：《环境法学（第四版）》，北京：北京大学出版社，2018 年版，第 57 页。
② 林灿铃等：《国际环境法案例解析》，北京：中国政法大学出版社，2021 年版，第 8–9 页。
③ 林灿铃等：《国际环境法案例解析》，北京：中国政法大学出版社，2021 年版，第 167 页。
④ 林灿铃等：《国际环境法案例解析》，北京：中国政法大学出版社，2021 年版，第 19 页。
⑤ 参见《里约宣言》原则 2。《里约宣言》是 1992 年 6 月 14 日联合国环境与发展会议的第 19 次全体会议中提出的，又称《关于环境与发展的里约热内卢宣言》或《里约环境与发展宣言》。
⑥ 蔡守秋、常纪文：《国际环境法学》，北京：法律出版社，2005 年版，第 83 页。
⑦ 同②。
⑧ 林灿铃等：《国际环境法案例解析》，北京：中国政法大学出版社，2021 年版，第 166 页。
⑨ 林灿铃等：《国际环境法案例解析》，北京：中国政法大学出版社，2021 年版，第 164–169 页。

国际仲裁庭认为，法国有权行使其权利，但法国不得无视西班牙的利益，西班牙有权要求本国权利得到尊重和利益得到考虑。1974 年法国核试验案[①]中，国际法院引用了 1941 年特雷尔冶炼厂仲裁案的裁决，认为通过明显的类推，申请人有权要求法院确认法国应当停止在其领土造成放射性物质沉降的活动。

（3）损害预防原则

损害预防原则是指国家应尽早地在环境损害发生之前采取措施以制止、限制或控制在其管辖范围内或控制下的可能引起环境损害的活动或行为。[②]国家为了做到在行使其资源开发主权权利时不损害国外环境，必须遵循损害预防原则。对国际环境而言，该原则是国家资源开发主权权利与不损害国外环境责任原则的延伸。[③]

损害预防原则得到《联合国海洋法公约》《保护臭氧层维也纳公约》等多个国际环境法律文件的确认，并在一系列国际环境司法判例中得到承认。国际判例方面也充分体现了损害预防原则。1941 年特雷尔冶炼厂仲裁案[④]中，确认了国家必须采取预防措施，避免工业排放引起的烟雾跨境损害他国环境。1957 年拉努湖仲裁案[⑤]中，强调国家在开发自然资源时必须预先防范可能对邻国环境造成损害的风险。1957 年法国核试验案[⑥]中，国际法院裁定国家在进行核试验等高风险活动时，必须实施充分的预防措施以避免不可逆的跨界环境破坏。1992 年瑙鲁含磷土地案[⑦]中，国际法院要求国家在资源开发过程中采取预防措施，以防止持续性环境破坏影响邻国或全球生态平衡。

（4）风险预防原则

风险预防原则是指为了保护环境，各国应按照本国的能力，广泛采用防备措施。遇有严重或不可逆转损害的威胁时，不得以缺乏科学的充分可靠性

---

① 林灿铃等：《国际环境法案例解析》，北京：中国政法大学出版社，2021 年版，第 30 页。

② 王曦：《国际环境法（第二版）》，北京：法律出版社，2005 年版，第 110 页。

③ 郝少英：《跨国水资源和谐开发十大关系法律初探》，载《自然资源学报》2011 年第 26 卷第 1 期，第 166-176 页。

④ 林灿铃等：《国际环境法案例解析》，北京：中国政法大学出版社，2021 年版，第 8-9 页。

⑤ 林灿铃等：《国际环境法案例解析》，北京：中国政法大学出版社，2021 年版，第 365-366 页。

⑥ 林灿铃等：《国际环境法案例解析》，北京：中国政法大学出版社，2021 年版，第 30 页。

⑦ 林灿铃等：《国际环境法案例解析》，北京：中国政法大学出版社，2021 年版，第 225-227 页。

为理由，延迟采取符合成本效益的措施防止环境退化。[①]风险预防原则是在损害预防原则基础上对环境问题或生态安全问题的处理提出了更高层次和更为严格的要求。[②]1957年法国核试验案[③]中，国际法院明确要求国家即使在科学确定性不足的情况下，也必须采取预防措施以防止高风险核试验可能造成的不可逆环境损害。1957年拉努湖仲裁案[④]中，虽然主要讨论资源开发与邻国权益平衡，但其中也隐含要求国家在利用自然资源时预防可能引发的跨境环境风险。1992年瑙鲁含磷土地案[⑤]中，国际法院判决强调国家在资源开发过程中应预先采取措施，防止长期和不可逆的环境破坏风险。

（5）国际合作原则

国际合作原则是指各国应本着全球伙伴精神，为保存、保护和恢复地球生态系统的健康和完整，促进可持续发展方面的国际法的进一步发展而进行合作。[⑥]国际合作原则是国际环境法的基石。[⑦]1945年《联合国宪章》第1条规定联合国的宗旨为"促成国际合作，以解决国际间属于经济、社会、文化及人类福利性质之国际问题"。1957年拉努湖仲裁案[⑧]中，案件要求开发国在资源开发时预先采取措施防止损害邻国利益，显示了各国在跨境环境风险预防方面协商合作的重要性。1992年瑙鲁含磷土地案[⑨]中，国际法院要求国家在资源开发过程中采取预防措施以防止长期环境破坏，从而推动了跨国合作治理和风险预防的国际标准。

---

① 参见《关于环境与发展的里约热内卢宣言》原则15。

② 高家伟：《欧洲环境法》，北京：工商出版社，2000年版，第61页。

③ 林灿铃等：《国际环境法案例解析》，北京：中国政法大学出版社，2021年版，第30页。

④ 林灿铃等：《国际环境法案例解析》，北京：中国政法大学出版社，2021年版，第164-169页。

⑤ 林灿铃等：《国际环境法案例解析》，北京：中国政法大学出版社，2021年版，第225-227页。

⑥ 蔡守秋、常纪文：《国际环境法学》，北京：法律出版社，2005年版，第91页。

⑦ 秦天宝：《国际环境法基本原则初探——兼与潘抱存先生商榷》，载《法学》2001年第10期，第25-31页。

⑧ 同④。

⑨ 同⑤。

2.1.2　美国自然资源损害赔偿制度

2.1.2.1　制度概述

美国是世界上第一个建立完备自然资源损害评估和赔偿制度的国家，最初通过普通法体系中的环境侵权法理论对环境污染导致的人身损害和财产损失提供司法救济，后期通过专门的制定法对自然资源损害进行规范和赔偿。①在自然资源损害赔偿制度方面，美国对赔偿范围、赔偿主体、程序机制以及赔偿的社会化分担等方面均作出了全面而细致的规定。②

2.1.2.2　制度内涵

（1）法律渊源

美国环境法的法律渊源主要包括普通法和制定法两个层面。在普通法层面，环境法律规则主要源于判例法，即法官在典型案件中对法律条文的解释所形成的裁判规则，并对后续同类案件具有指导性效力。在制定法层面，涵盖联邦与州层级的宪法性文件、环境保护基本法、行政法规及国际环境条约等，基本明确了责任与索赔框架③，其中以《清洁水法》（*Clean Water Act*，CWA）、《综合环境反应、赔偿与责任法》（*Comprehensive Environmental Response*，*Compensation*，*and Liability Act*，CERCLA，即“超级基金法”）和《石油污染法》（*Oil Pollution Act*，OPA）为核心法律，明确规定了环境损害的责任追究框架与赔偿原则。④

（2）救济途径

美国针对自然资源损害的法律救济途径高度多元化，其中涉及损害赔偿的诉讼机制构成了环境民事责任体系的核心内容。依照不同的法律基础和诉

① 张红振、曹东、於方等：《环境损害评估：国际制度及对中国的启示》，载《环境科学》2013 年第 34 卷第 5 期，第 1653-1666 页。

② 刘晓华：《美国自然资源损害赔偿制度及对我国的启示》，载《法律适用》2020 年第 7 期，第 20-28 页。

③ 王树义、刘静：《美国自然资源损害赔偿制度探析》，载《法学评论》2009 年第 27 卷第 1 期，第 71-79 页。

④ 任世丹：《美国的生态损害赔偿制度》，载《世界环境》第 2010 年第 3 期，第 62-64 页。

讼主体，美国环境法体系下的损害赔偿主要通过普通法侵权诉讼、成文法规定的公民诉讼方式等路径实现[①]。

普通法侵权诉讼是传统意义上最直接的损害赔偿路径，主要适用于特定个人或群体因污染行为而受到身体、财产或精神上的具体损失。州法院普遍适用的法律基础包括骚扰、疏忽与严格责任等。[②]例如在辛克利地下水污染案[③]中，加利福尼亚州居民因饮用水受到涉事企业排放的六价铬污染而提起集体诉讼，最终被告支付了高达3.33亿美元的赔偿金，成为美国环境侵权史上的标志性判例。

美国众多环境法中内嵌的公民诉讼条款为受害者和环保组织提供了制度性通道。在这一机制中，《清洁水法》的地位尤为突出。该法不仅确立了联邦层面的排污许可制度，还在第505条中确立了公民可对违反排污许可的企业或怠于执法的政府机关提起诉讼的权利。《综合环境反应、赔偿与责任法》重点在于污染场地清理费用的追偿。该法赋予联邦政府在先行治理后向污染责任人追偿清理成本的权利，也允许私人土地所有者对污染源进行诉讼。《石油污染法》专门针对海洋石油泄漏事件设立了全面赔偿机制，其损害赔偿范围包括财产损失、渔业收入损失、自然资源破坏赔偿等。

美国在损害赔偿具体执行过程中高度重视谈判、调解、仲裁等非诉讼方式的适用。[④]根据《综合环境反应、赔偿与责任法》第122条和《石油污染法》第1006条的规定，联邦政府及自然资源受托机构可在不经诉讼的情况下，与责任方协商达成和解协议，以完成清理义务或资源恢复任务。该机制有效降低了程序成本，提升了修复效率。实践中，非诉讼机制在重大污染案件中广泛适用。如在“深水地平线”原油泄漏案件[⑤]中，英国石油勘探与生产

① 刘晓华：《美国自然资源损害赔偿制度及对我国的启示》，载《法律适用》2020年第7期，第20-28页。

② 王树义、刘静：《美国自然资源损害赔偿制度探析》，载《法学评论》2009年第27卷第1期，第71-79页。

③ Banks：“The ‘Erin Brockvich effect’：How media shapes toxics policy”，载“Environs”2003年第26卷第2期，第219-232页。

④ 刘倩等：《环境损害鉴定评估与赔偿法律体系研究》，北京：中国环境出版社，2016年版，第40页。

⑤ United States v. BP Exploration & Prod.，Inc.（In re Oil Spill by the Oil Rig “Deepwater Horizon”；in the Gulf of Mexico，on April 20，2010），148 F. Supp. 3d 563（E. D. La. 2015）.

公司和美国联邦政府通过司法确认的和解协议解决了全部自然资源损害赔偿争议，设立超过 200 亿美元的恢复专项资金，避免了漫长的诉讼程序。又如在美国加利福尼亚州政府诉加利福尼亚州蒙特罗斯化学公司案[①]中，责任方通过谈判方式设立修复基金，达成赔偿协议并获法院批准，体现了非诉模式在司法体系中的合法性与实践效率。此外，美国鼓励政府与责任方在损害评估阶段即展开数据共享、恢复计划协商与资金安排，从而实现自然资源赔偿案件的协同治理与程序简化。

（3）归责原则

在美国自然资源损害赔偿制度中，归责原则的设计具有高度的严格性与制度化特征，主要体现为以严格责任为核心、辅以共同与连带责任、广泛的责任主体认定以及少数可适用但条件严格的免责机制。[②]

根据《综合环境反应、赔偿与责任法》第 107 条与《石油污染法》第 1002 条的规定，污染行为的责任认定不以行为人存在主观过错为前提，只要符合法定要件，即可追究其对自然资源损害的赔偿责任。这种责任形式体现了典型的无过错归责逻辑，在美国环境法体系中被广泛用于污染场地治理与生态恢复实践。[③]在判例美国诉凯姆戴恩公司案[④]中，法院首次确认了《综合环境反应、赔偿与责任法》适用中的连带责任原则，即多个责任方均须对全部损害承担责任，并在内部进行追偿。此外，美国法律下对潜在责任方的认定范围极为广泛，除直接排污者外，还包括污染场地的当前或过往所有者、运营商、有害物质的运输或处置安排人，以及船舶所有人等主体。[⑤]即使未直接产生污染物，只要具有法律上的联系，也可能构成责任方，如在纽约州诉海岸房地产公司和唐纳德·利奥格兰德案[⑥]中，法院判定仅因持有受污染土地

---

① State of Cal. v. Montrose Chemical Corp. of California，104 F. 3d 1507（9th Cir. 1997）.

② 王树义、刘静：《美国自然资源损害赔偿制度探析》，载《法学评论》2009 年第 27 卷第 1 期，第 71–79 页。

③ 刘晓华：《美国自然资源损害赔偿制度及对我国的启示》，载《法律适用》2020 年第 7 期，第 24 页。

④ United States v. Chem-Dyne Corp.，572 F. Supp. 802（S.D. Ohio 1983）.

⑤ 李冬梅：《论美国〈综合环境反应、赔偿和责任法〉上的环境责任标准》，载《长春市委党校学报》2010 年第 6 期，第 90-94 页。

⑥ New York v. Shore Realty Corp.，759 F.2d 1032（2d Cir. 1985）.

即需对修复费用负责。此外，《综合环境反应、赔偿与责任法》与《石油污染法》规定的有限免责条款包括不可抗力、战争行为以及第三方行为 3 种情形，但其适用门槛极高，责任方必须证明其未参与污染、已尽合理注意义务。[①] 值得注意的是，美国自然资源损害制度还具有追溯性特征，即使污染发生在法律生效前，只要损害持续存在，亦可依法追责。[②]

（4）赔偿范围

美国自然资源损害赔偿范围主要由《清洁水法》《综合环境反应、赔偿与责任法》《石油污染法》等联邦法律明确规定。[③] 这些法律所确立的赔偿内容不仅包括污染事件本身所引发的直接经济损失，更强调对自然资源本体的修复、生态系统服务功能的恢复以及由资源丧失所引发的公共用途损失的替代性补偿，体现了生态法治对环境本体价值的高度重视。[④] 若污染行为造成个体人身伤害或私人财产损失，美国主要通过普通侵权法或其他民事法律路径进行救济。美国自然资源损害赔偿制度下的赔偿范围不仅涵盖直接的环境治理费用，还系统性地纳入了生态服务损失的经济价值补偿以及评估活动的程序性成本，反映了从单一损害赔偿向综合生态补偿的制度转型。该体系通过立法细化、程序保障与案例推动，强化了污染者负担原则的适用。

（5）索赔主体与责任主体

在美国自然资源损害赔偿制度中，索赔主体与责任主体的法律设定直接体现了环境法中污染者负担原则与公共资源受托责任原则的有机结合[⑤]。联邦政府和受损害的生态环境所在地州政府代表受损生态环境接受损害赔偿金。由于美国最高法院对因环境问题起诉的资格问题采取了比较缓和的办法，非

① 刘晓华：《美国自然资源损害赔偿制度及对我国的启示》，载《法律适用》2020 年第 7 期，第 25 页。

② 王树义、刘静：《美国自然资源损害赔偿制度探析》，载《法学评论》2009 年第 27 卷第 1 期，第 75 页。

③ 刘静：《略论美国自然资源损害赔偿范围》，载《河南省政法管理干部学院学报》2009 年第 24 卷第 2 期，第 159-166 页。

④ 刘兵红：《自然资源损害赔偿制度的国际考察及启示》，载《生态经济》2013 年第 4 期，第 157-160 页，第 169 页。

⑤ 同②。

政府组织也可以很容易地为环境问题起诉，只要表明他们在该环境问题上多少有些利益，而且利益受到影响。公民个人只能通过公民诉讼的形式迫使托管者寻求生态损害赔偿，他们本身并不能直接对损害进行求偿[①]。

在责任主体的界定方面，《清洁水法》规定的赔偿主体包括排放石油或危险物质的船舶或岸上设施的所有者、营运者或直接控制人，以及特别情况下的第三方。而第三方承担责任的情形是排放者能够证明该排放完全是由第三方主体的作为或不作为所致。《综合环境反应、赔偿与责任法》将责任主体界定为：一是当前污染场地的所有者或运营者，即使并未直接参与污染行为；二是污染行为发生时的场地所有者或运营者；三是委托运输、处置、处理有害物质的机构或个人；四是造成污染物实际释放的运输者。《石油污染法》框架下的责任主体则包括发生石油泄漏的船舶、海上平台、陆上设施或输油管道的所有人或运营者。在法律执行过程中，一旦政府受托人证明污染与资源损害之间存在合理因果关系，上述主体即需承担自然资源修复费用、生态使用功能损失赔偿及评估费用，且多采用严格责任规则和共同与连带责任规则。同时，法律虽然设立了有限的免责条款（如不可抗力、战争行为、第三方行为），但适用条件极为严格，被告需举证自身行为完全无涉且已尽合理注意义务[②]。

（6）社会化赔偿机制

在美国环境法律体系中，针对重大环境污染事件中可能出现的责任缺位或赔偿困境，逐步发展出一系列具有社会化特征的赔偿机制。这些制度安排在确保污染者负担原则有效实施的同时，也兼顾了生态恢复的可持续性与受害公众的公平补偿，体现了环境赔偿制度从个体责任向系统性兜底转型的制度取向。

美国通过《综合环境反应、赔偿与责任法》设立了著名的“超级基金”

---

① 刘晓华：《美国自然资源损害赔偿制度及对我国的启示》，载《法律适用》2020 年第 7 期，第 20-28 页。

② 李昊：《美国法上的环境修复责任初论——以〈综合环境响应、赔偿与责任法〉为中心》，载《法治研究》2020 年第 2 期，第 131-146 页。

机制，允许联邦政府在污染责任主体不明确、无力履责或拒不履责的情况下，先行动用联邦专项基金对污染场地进行清理和修复，事后再追偿相关责任人。[①] 对于规模巨大的环境事件，美国通常要求企业设立专项赔偿信托基金，作为赔偿社会化的重要体现[②]。在"深水地平线"原油泄漏案件[③]中，英国石油勘探与生产公司和美国联邦政府达成和解协议，设立超过200亿美元的赔偿基金，用于生态修复、渔业和旅游业损失补偿、沿岸社区救助等长期性项目，形成了典型的赔偿制度化、受益群体公共化的处理路径。

2.1.2.3 制度经验

美国自然资源损害赔偿制度具有体系完备、结构复合、责任严格等突出特征。其法律基础不仅包括普通法体系下的侵权法理论，用于处理环境污染引发的人身伤害和财产损失，也涵盖以《清洁水法》、《综合环境反应、赔偿与责任法》和《石油污染法》为代表的成文法体系，对污染造成的自然资源损害予以全面规范与赔偿。整体而言，美国通过法律体系与判例演进的协同发展、非诉讼解决机制与诉讼机制的有机结合、政府主导与公众参与的制度设计，以及赔偿责任与社会化机制的相互支撑，构建了权责明晰、制度韧性强、生态导向突出的自然资源损害赔偿体系，对其他国家的环境损害赔偿制度建设具有重要借鉴意义。

2.1.3 欧盟环境损害赔偿制度

欧盟通过《环境责任指令》界定环境损害，涵盖了生态环境本体的破坏，包括自然栖息地、水体、物种和土壤的损害。至于由环境污染或生态破坏行为引发的人身伤害和财产损失，则主要由欧盟成员国依据各自国内法律加以

---

① 张红振、曹东、於方等:《环境损害评估：国际制度及对中国的启示》，载《环境科学》2013年第34卷第5期，第1656页。

② 李昊:《美国法上的环境修复责任初论——以〈综合环境响应、赔偿与责任法〉为中心》，载《法治研究》2020年第2期，第131-146页。

③ United States v. BP Exploration & Prod., Inc. (In re Oil Spill by the Oil Rig "Deepwater Horizon", in the Gulf of Mexico, on April 20, 2010).

调整[①]。欧盟制度在吸收美国经验的基础上，逐步形成了以生态修复为核心导向、以行政执行为主导机制的独特制度路径，体现了对自然资源公共价值的高度重视，并在责任认定、损害评估与跨境治理机制等方面建立了具有自身特色的制度安排[②]。为有效应对跨国环境损害并提升执法协调性，欧盟积极推动跨国、跨部门的合作治理机制，强调补救一致性与生态系统完整性两大治理理念。例如，欧洲环境署与欧盟成员国环境主管部门之间建立了实时环境数据共享与联合评估机制，为环境责任的履行与赔偿标准的一体化实施提供技术支撑与制度保障[③]。

（1）法律渊源

欧盟环境损害赔偿制度的法律渊源以《环境责任指令》为核心，构建了一个以生态功能恢复为导向、以污染者负担为基本原则的环境责任框架[④]。该指令主要规范对自然栖息地、水体、物种及土壤等生态要素的损害赔偿，明确适用严格责任与过错责任双轨制，并设定初步修复、补充修复与补偿性修复 3 种赔偿方式。此外，欧盟环境法还通过一系列辅助性立法进一步丰富损害认定与修复标准，包括《水框架指令》《自然栖息地指令》《鸟类指令》《工业排放指令》等，为损害类型界定和责任认定提供实证基础。与此同时，《奥尔胡斯公约》及其相关欧盟执行法规、《环境信息公开指令》《公众参与指令》等程序性法律确立了公众参与、环境信息公开与司法救济机制，为环境损害案件的监督与问责提供制度支撑[⑤]。

---

① 《环境责任指令》也称为《关于预防和补救环境损害的环境责任指令》（*Environmental Liability Directive*，ELD），该指令先后经历了三次修正，参见欧盟 Directive 2006/21/EC、Directive 2009/31/EC、Directive 2013/30/EU。

② 秦天宝、刘静：《环境损害民事责任制度的重要发展——〈关于有害环境活动所造成损害之责任、应对行动和赔偿的国内法的编制准则〉评述》，载《法学评论》2010 年第 28 卷第 1 期，第 129-133 页。

③ 周卫：《欧共体环境信息公开立法发展述评》，载《湖北社会科学》2006 年第 4 期，第 150-154 页。

④ 於方、刘倩、齐霁等：《借他山之石完善我国环境污染损害鉴定评估与赔偿制度》，载《环境经济》2013 年第 11 期，第 38-47 页。

⑤ 康京涛：《欧盟生态损害救济：理路、实效、困境及启示——以欧盟〈环境责任指令〉为中心》，载《宁夏社会科学》2020 年第 1 期，第 63-71 页。

由于欧盟法律体系采取统一指令和内部转化模式，《环境责任指令》需经成员国转化为国内立法予以执行，例如德国《环境损害法》、法国《环境法典》均在此框架下建立本国环境赔偿机制[①]。此外，欧洲法院通过判例不断明确相关条款的适用边界与解释标准，进一步统一了环境责任法律的司法适用。整体而言，欧盟环境损害赔偿制度在统一立法指导下，通过核心指令、辅助法规、程序保障与判例演进，构建了较为完整的多层次法律渊源体系[②]。

（2）救济途径

欧盟环境损害赔偿制度在《环境责任指令》的框架下，构建了以行政执行为核心、司法监督为补充、民事赔偿与跨境协调机制为辅助的多层次救济体系，其制度运行也依赖于非诉讼路径的优先适用。

《环境责任指令》明确授权成员国主管机关对环境损害案件进行主导性处理，并在多个条款中设计了协商修复、自愿履责、行政合规谈判等非诉讼程序，以实现修复义务的高效落实与制度运行的实用性。根据《环境责任指令》第7条、第11条的规定，环境主管机关在确认环境损害后，可命令责任方制订修复措施计划，也可以与责任人协商一致后批准其提交的修复方案，行政程序在多数情形下成为启动与完成赔偿责任的主要路径。此外，《环境责任指令》并未强制要求通过法院诉讼实现赔偿责任落实，也未赋予公众直接提起损害赔偿的诉权，而是通过第12条引入公众通报机制，允许自然人或环保组织就环境损害提供信息和建议，由主管机关决定是否启动调查与修复，从而形成一种公众参与、行政回应、程序修复的替代性争议解决路径。

在成员国实践中，德国、法国、荷兰等国家广泛采用环境协议或修复承诺书的形式，推动污染者与政府间的协商性合规修复。例如，德国在转化《环境责任指令》过程中明确赋予联邦与州环保部门对修复方案的监督批准权，并鼓励通过谈判方式达成环境损害责任履行方案，只有在污染者拒绝履

① 秦天宝、刘静：《环境损害民事责任制度的重要发展——〈关于有害环境活动所造成损害之责任、应对行动和赔偿的国内法的编制准则〉评述》，载《法学评论》2010年第28卷第1期，第129-133页。

② 於方、曹国志、齐霁等：《生态环境风险管理与损害赔偿制度现状与展望》，载《中国环境管理》2021年第13卷第5期，第143-150页。

行或协商失败的情况下，才启动强制执行或司法审查。欧盟层级的“环境执法网络”在其指导手册中强调非诉讼机制的重要性，鼓励成员国通过行政调解、合规谈判与环境修复项目审批机制，实现高效、合作、恢复导向的赔偿实践。

针对具有跨境影响的环境损害，《环境责任指令》第 15 条亦设立了协调性机制。当一国的环境损害影响到他国生态资源时，受影响国有权向污染发生地国家提出干预请求，并提供科学证据支持，其间欧盟委员会或欧洲环境署可作为中立协调方介入处理，以确保跨国环境损害案件中行政响应的一致性与责任划分的合理性。欧盟法院通过一系列具有代表性的判例对环境损害赔偿制度进行了持续性的制度解释与司法保障。在德国自然保护联盟诉北弗里斯兰县案[①]中，德国联邦行政法院进一步明确生态功能丧失亦构成环境损害，扩展了《环境责任指令》的适用边界。这些判例构成了欧盟环境损害赔偿制度的重要法理支撑，保障了整体制度的稳定性与规范性。

（3）归责原则

欧盟环境损害赔偿制度的归责体系主要确立在《环境责任指令》中，体现了分层归责、预防优先与修复导向相结合的制度特征。该指令区分不同类型环境行为，确立了严格责任与过错责任并行的双轨归责机制。[②]对于指令附件Ⅲ所列的高风险活动，如工业排放、危险废物管理、有害物质运输等，适用严格责任原则，即使行为人不存在主观过错，只要造成了水体、土壤或受保护物种及自然栖息地的损害，即应承担生态修复及相关费用。对于非高风险活动造成的生态损害，则适用过错责任原则，需由主管机关证明行为人存在故意或过失，并与损害结果之间存在因果关系。[③]

（4）赔偿范围

欧盟环境损害赔偿制度在《环境责任指令》中确立了以生态功能恢复为

---

① Naturschutzbund Deutschland-Landesverband Schleswig-Holstein e. V. v Kreis Nord，C-297/19.

② 吕忠梅、窦海阳：《以“生态恢复论”重构环境侵权救济体系》，载《中国社会科学》2020 年第 2 期，第 118-140 页，206-207 页。

③ 爱德华·H.P. 布兰斯：《2004 年〈欧盟环境责任指令〉下损害公共自然资源的责任——起诉权和损害赔偿的估算》（戴萍译），载《国际商法论丛》2008 年第 9 卷，第 364-396 页。

核心导向的赔偿模式，其赔偿范围具有明确界定与制度规范性。人身伤害或私人财产损失的赔偿需依成员国国内民事侵权法律另行调整。[①]

根据《环境责任指令》第2条第16款，环境损害包括三类核心自然资源：一是受保护物种及其自然栖息地（依据《鸟类指令》和《自然栖息地指令》界定）；二是水资源，包括地表水和地下水（参照《水框架指令》）；三是土地污染造成的功能丧失，特别是对人类健康构成重大风险的情形。针对上述资源，一旦发生实质性损害或面临重大环境风险，责任人即需承担全面赔偿义务。《环境责任指令》第5条、第6条及附件Ⅱ明确规定，赔偿范围包括：预防性措施的实施费用，环境损害的调查与科学评估费用，生态修复方案的设计与执行成本，以及相关的行政管理、监测、强制执行和司法程序开支。上述费用均由污染责任人承担，体现了污染者付费原则的制度化落实。[②]

在具体修复方式上，《环境责任指令》确立了3种补救措施，即初步修复、补充修复与补偿性修复。初步修复旨在将受损资源恢复至污染发生前的基线状态；若因技术或现实条件无法达成，则应实施功能等值的补充修复；同时，责任人还需弥补从污染发生至完全恢复期间公众资源使用价值的丧失，体现生态服务功能的"过渡性替代"。这一修复导向也得到了欧盟法院的确认。

总体而言，欧盟赔偿范围的制度设计充分体现了恢复优先、环境本位与功能等值的环境法律理念，通过明确赔偿对象、细化补救内容并构建费用责任机制，为生态损害的治理与修复提供了清晰的法律路径与执行依据。

（5）索赔主体与责任主体

欧盟《环境责任指令》在责任归属设计上，确立了相对集中统一的索赔主体机制与较为广泛的责任主体认定标准，构建了公共代表主张、私人承担

① 刘兵红：《自然资源损害赔偿制度的国际考察及启示》，载《生态经济》2013年第4期，第157-160页，第169页。

② 爱德华·H.P. 布兰斯：《2004年〈欧盟环境责任指令〉下损害公共自然资源的责任——起诉权和损害赔偿的估算》（戴萍），载《国际商法论丛》2008年第9卷，第364-396页。

赔偿的责任格局。

在索赔主体方面，该指令采用政府主导的公权救济模式，明确由各成员国的主管行政机关负责环境损害的识别、评估与补救程序的启动。这些主管行政机关不仅拥有责令责任人采取修复措施的法定权力，也可在责任人不履行义务时代为修复并追偿相关费用。[①] 此外，根据《奥尔胡斯公约》及其在欧盟的执行法规，具备法定资格的公众或环境保护组织虽无直接索赔权，但可通过司法路径监督行政机关履职，并在其不作为时提起行政诉讼，从而在程序层面保障了公众对生态公益的参与和监督权。[②]

在责任主体的认定方面，《环境责任指令》第 3 条确立了以活动类型为基础的分层责任机制。对指令附件Ⅲ中所列的高风险活动从业者（如排污企业、废物运输者、废物处理者等）适用严格责任原则，不要求过错存在即可追责。对于其他非危险一般性活动造成的环境损害，则适用过错责任标准。无论适用何种责任类型，行为人与环境损害之间的因果联系是构成责任的基本前提。此外，指令并未将责任主体限定为直接污染行为人，而是将企业法人、运营者、许可证持有人等具有法律上控制力的单位均纳入潜在责任主体范围。

综上，欧盟在环境损害赔偿制度中形成了“国家代表公共环境利益主张赔偿、行为人依据法定标准承担修复责任”的权责结构，既防止了公共资源主张权的碎片化，也增强了环境责任的执行力度。责任主体的界定标准在严格责任与广义认定之间取得平衡，索赔主体则集中于政府机关并辅以公众参与监督机制。

（6）社会化赔偿机制

在欧盟环境损害赔偿制度中，尽管《环境责任指令》确立了以污染者付费为核心的个体责任机制，但为应对实践中责任主体无力履责、身份不明或因诉讼拖延导致生态修复中断等风险，部分成员国在本国法律体系中探索建

---

① 巩固：《生态损害赔偿制度的模式比较与中国选择——〈民法典〉生态损害赔偿条款的解释基础与方向探究》，载《比较法研究》2022 年第 2 期，第 161-176 页。

② 张明华：《环境公益诉讼制度刍议》，载《法学论坛》2002 年第 17 卷第 6 期，第 91-97 页。

立了具有社会化特征的赔偿机制，逐步构建起多层次、分担型的环境责任体系。[①]

环境责任保险制度是欧盟成员国最常见的风险分担工具。例如，德国《环境责任法》鼓励从事高风险环境活动的企业投保污染责任保险，并通过行业自律方式推进保险市场的覆盖广度，以此弥补企业在突发污染事件中的偿付风险。[②]法国则在其《环境法典》第L.160条及相关行政条例中设立环境保险与金融担保机制，要求特定企业在开展活动前提供金融担保，用于覆盖未来可能发生的环境修复义务。[③]

部分欧盟成员国已建立具有公共基金性质的污染补偿机制，以应对责任主体无力履责或历史遗留环境问题所带来的生态修复资金缺口。例如，德国在矿山环境管理方面设立了保证金制度与治理基金机制，对新发生的矿山环境污染，由矿山开发者预交矿山环境治理恢复保证金来实现闭坑后矿山的环境恢复；对于历史遗留问题，则由国家设立专项治理基金予以财政支持。[④]

在司法层面，欧盟法院亦在多项判例中认可主管机关在责任主体缺位或拒不履责情形下可依法先修复后追偿，强化了国家作为环境信托人的兜底修复职能。综上，欧盟通过环境保险制度、补偿基金安排及欧盟财政工具支持，已在多个维度初步形成以“污染者为主、社会机制辅助、政府兜底保障”为结构的多元化责任分担体系，为生态修复的稳定性与持续性提供了有效保障。

（7）制度经验

欧盟环境损害赔偿制度体现了环境本位突出、责任机制分层、执行路径多元等制度特征。其法律基础主要由《环境责任指令》构成。《环境责任指令》作为欧盟层级统一的立法框架，规范了自然资源损害的认定标准、责任归属、

① 彭俊瑜：《论环境侵权损害赔偿责任的“社会化”趋势》，载《北京工业大学学报（社会科学版）》2005年第5卷第4期，第64-69页。

② 白江：《论德国环境责任保险制度：传统、创新与发展》，载《东方法学》2015年第2期，第131-149页。

③ 游桂云、张连勤：《西方国家环境责任保险制度比较及启示》，载《上海保险》2008年第2期，第56-59页。

④ 刘倩等：《环境损害鉴定评估与赔偿法律体系研究》，北京：中国环境出版社，2016年版，第84-85页。

修复方式及程序保障。此外,《鸟类指令》《自然栖息地指令》《水框架指令》等生态保护类法律作为辅助性法规，为赔偿适用范围提供生态资源界定依据，而《奥尔胡斯公约》及其程序性指令则保障了公众参与和司法监督的可行路径，构成完整的制度支撑体系。

整体而言，欧盟通过环境本位的立法理念、科学合理的责任分配机制、多元化的执行与监督路径，以及渐进完善的社会化赔偿机制，构建了兼具预防性、修复性与制度韧性的自然资源损害赔偿体系。该制度在环境治理法律化、生态功能保护与跨国责任协调方面积累了丰富经验，为各国构建系统化生态赔偿制度提供了现实借鉴与制度样本。

2.1.4　国外生态环境损害赔偿制度的启示

通过对美国、欧盟生态环境损害赔偿制度的比较分析可以看出，尽管制度建设的起点不同、法律体系存在差异，但在确立生态本位理念、配置多元化制度工具、构建细化的责任机制以及推进政府主导与公众参与协同方面，均展现了较为成熟且可借鉴的法治经验。对任何希望构建或完善生态环境损害赔偿制度的国家而言，以下 5 个方面的制度构建路径具有广泛的参考意义。

一是确立“环境本位”的赔偿理念与法律地位。

现代环境法治趋向于将生态系统本体及其服务功能作为赔偿对象，突破传统民事侵权法对人身与财产损害的局限。例如，欧盟通过《环境责任指令》确立了以生态功能恢复为核心的制度导向，美国在《综合环境反应、赔偿与责任法》和《石油污染法》中将自然资源损害纳入立法范围，明确修复优先的责任结构。

二是构建科学合理的归责机制以提升制度执行力。

生态环境损害通常涉及因果链条复杂、行为主体多元、行为时间跨度长等问题，需要更加多元与弹性的责任制度予以应对。美国强调严格责任、共同与连带责任和追溯责任等多元归责路径，欧盟通过活动风险分类实施无过失责任与过错责任并行的分层机制。这些做法有效降低了受害者的举证负担，增强了制度的适用范围与公平性。

三是健全生态环境损害的鉴定与评估体系。

科学化、制度化的生态环境损害评估体系是赔偿机制有效运行的基础。美国的自然资源损害评估体系明确将资源恢复费用、生态服务丧失价值和评估支出全部纳入赔偿项目，欧盟则通过初步修复、补充修复、补偿性修复三重路径强化生态功能补偿。建立一套具有统一标准、科学方法和程序保障的评估体系，有助于提升生态环境损害赔偿的客观性和可执行性。

四是构建多元化救济路径与程序性参与机制。

环境损害的修复与赔偿不仅依赖制度本身的规定，还需保障受害人和社会公众的可及性与参与性。欧盟强调行政机关主导修复责任实施，同时通过司法介入与公民参与实现制度监督；美国则允许联邦、州、部落等多元主体提出索赔，公民和环保组织可提起公益诉讼，有效扩大程序监督的覆盖面。这些路径表明，救济制度的开放性与公众参与的程序设计对于生态正义的实现具有重要意义。

五是建立社会化的生态环境损害赔偿保障机制。

在面对责任主体不明确、无力赔偿或拒绝履责等现实情况下，制度兜底机制至关重要。美国通过“超级基金”制度、污染责任保险与企业信托基金构建风险共担格局；欧盟多个成员国设有公共赔偿基金与强制保险制度以支撑生态修复。由此可见，生态环境损害赔偿制度应与财政政策、保险机制与环境基金联动设计，实现从污染者付费到社会协同保障的结构转型。

综上所述，国外生态环境损害赔偿制度的实践经验充分证明，确立生态本位理念、科学设置归责机制、强化损害评估体系、保障公众参与和程序正义，并通过多元化的社会保障机制强化制度执行，是构建现代生态法治体系的关键所在。这些经验对世界各国在推进环境治理体系现代化、应对生态危机、实现绿色可持续发展中均具有普遍适用的制度价值与现实意义。

2.2 我国生态环境损害赔偿制度情况

我国生态环境损害赔偿制度的建立以习近平生态文明思想和习近平法治

思想为指导，与我国环境保护、行政处罚等法律制度镶嵌融合，并充分参考美国、欧盟等的立法创新和司法实践，构建起富有中国特色的制度框架，并在实践的深入中，将各地实践的经验做法上升至立法及国家制度设计。经过十年的探索，生态环境损害赔偿制度实践如同一幅壮丽的画卷徐徐展开。

2.2.1　国家改革背景

在生态环境损害赔偿制度改革之前，我国环境污染和生态破坏行为导致人身、财产损害的赔偿法律制度体系已经相对完整，但对生态环境自身遭受的损害，存在立法规定缺失、索赔主体不明确、索赔途径不畅通、评估规范不健全、资金管理机制未建立等诸多问题，环境违法行为人只需要承担行政和刑事制裁，而无须承担或没有足额承担民事赔偿责任，进而引发违法成本低、“企业污染、群众受害、政府买单”等困局。

2012 年以来，我国环境公益诉讼制度逐步建立并施行，但受限于人员数量、技术积累以及资金支撑等因素，社会组织难以成为推动受损环境有效修复的主力军，检察机关则在环保专业技术以及监管情况了解程度上存在一定短板。2014 年以来，腾格里沙漠污染案、秦岭北麓生态破坏案等系列案件促使国家和民众更为关注谁来替“不会说话”的生态环境“代言”，谁来追究义务人的赔偿责任，谁来修复受损的生态环境等问题。

创设生态环境损害赔偿制度的出发点是针对传统上“企业污染、群众受害、政府买单”的怪圈，解决生态环境损害的利益代表人和索赔主体缺失问题，以政府主导并通过民事诉讼的方式使责任人承担生态环境损害的赔偿责任，实现有效的法律救济。[①]

2.2.2　立法和司法解释制定情况

法者，治之端也。当前，《中华人民共和国民法典》《中华人民共和国固体废物污染环境防治法》等多部法律将生态环境损害赔偿制度写入条文，另

① 彭中遥等：《生态环境损害法律问题论争》，武汉：武汉大学出版社，2023 年版，第 4 页。

有22个省（自治区、直辖市）的地方性法规也写入了生态环境损害赔偿制度。最高人民法院、最高人民检察院、财政部、司法部等有关单位印发指导性文件，涉及案件审理、公益诉讼、资金管理、司法鉴定等具体方面。牢固的法律基础为生态环境损害赔偿制度落实落细提供了良好的土壤。

（1）《中华人民共和国民法典》奠定生态环境损害赔偿责任的法律基础

《中华人民共和国民法典》自2021年1月1日起施行，回应了资源环境恶化带来的环境保护和生态维护的时代问题，[①] 其第七编第七章“环境污染和生态破坏责任”明确国家规定的机关和法律允许的组织可以享有生态环境损害的索赔权，[②] 奠定了生态环境损害赔偿责任的法律基础。

《中华人民共和国民法典》第一千二百三十四条规定：“违反国家规定造成生态环境损害，生态环境能够修复的，国家规定的机关或者法律规定的组织有权请求侵权人在合理期限内承担修复责任。侵权人在期限内未修复的，国家规定的机关或者法律规定的组织可以自行或者委托他人进行修复，所需费用由侵权人负担。”该条明确了生态环境损害赔偿责任的构成要件、请求权人、责任主体、赔偿方法：生态环境损害赔偿责任的构成要件包括生态环境损害事实、行为的违法性、因果关系及其举证；[③] 生态环境损害赔偿责任的请求权人是国家规定的机关或者法律规定的组织；环境损害赔偿责任的责任主体是实施导致生态环境损害行为的侵权人；赔偿方法包括自行修复和承担修复费用两种。

《中华人民共和国民法典》第一千二百三十五条规定：“违反国家规定造成生态环境损害的，国家规定的机关或者法律规定的组织有权请求侵权人赔偿下列损失和费用：（一）生态环境受到损害至修复完成期间服务功能丧失导致的损失；（二）生态环境功能永久性损害造成的损失；（三）生态环境损害调查、鉴定评估等费用；（四）清除污染、修复生态环境费用；（五）防止损

---

① 王利明：《彰显时代性：中国民法典的鲜明特色》，载《东方法学》2020年第4期，第5-17页。

② 孙佑海等：《生态环境损害赔偿立法研究》，北京：中国社会科学出版社，2023年版，第17页。

③ 梅凤乔、敖琦：《〈民法典〉生态环境损害赔偿责任构成要件解析》，载《环境保护》2022年第50卷第23期，第44-46页。

害的发生和扩大所支出的合理费用。”该条规定了生态环境损害的赔偿范围。

（2）生态环境损害赔偿责任被纳入生态环境保护专项法律和党内法规

截至 2025 年 5 月，共有《中华人民共和国固体废物污染环境防治法》《中华人民共和国土壤污染防治法》《中华人民共和国长江保护法》《中华人民共和国森林法》《中华人民共和国湿地保护法》《中华人民共和国黄河保护法》《中华人民共和国青藏高原生态保护法》《中华人民共和国海洋环境保护法》八部生态环境保护专项法律将生态环境赔偿责任写入立法条文中。其中，《中华人民共和国固体废物污染环境防治法》第一次在生态环境保护法律中对生态环境保护损害赔偿制度作了明确规定。①《中华人民共和国固体废物污染环境防治法》第一百二十二条规定：“固体废物污染环境、破坏生态给国家造成重大损失的，由设区的市级以上地方人民政府或者其指定的部门、机构组织与造成环境污染和生态破坏的单位和其他生产经营者进行磋商，要求其承担损害赔偿责任；磋商未达成一致的，可以向人民法院提起诉讼。”

党内法规方面，《生态环境保护督察工作条例》第三十三条规定“对督察发现需要开展生态环境损害赔偿工作的，移送省、自治区、直辖市政府依照有关规定索赔追偿”。通过督察发现生态环境破坏问题是政府相关部门进行生态环境损害索赔的重要来源和依据，需要从案件移送上建立联合和协作的法律机制。②《生态环境保护督察工作条例》第三十三条为衔接中央生态环境保护督察和生态环境损害赔偿工作提供了党内法规依据，同时借生态环境损害鉴定评估技术指南系列标准，为中央生态环境保护督察发现的涉生态环境损害问题的整改到位提供技术尺度。

（3）司法解释的出台释明生态环境损害赔偿法律适用难点

2019 年以来，最高人民法院出台多个环境司法文件，其中《最高人民法院关于审理生态环境损害赔偿案件的若干规定（试行）》《最高人民法院关于

① 袁杰、黄祎、别涛等：《中华人民共和国固体废物污染环境防治法释义》，北京：中国民主法制出版社，2020 年版，第 279 页。

② 陈海嵩：《生态环境保护督察规范体系及其构造探析》，载《武汉大学学报（哲学社会科学版）》2023 年第 76 卷第 5 期，第 150-161 页。

审理生态环境侵权纠纷案件适用惩罚性赔偿的解释》《最高人民法院关于生态环境侵权民事诉讼证据的若干规定》《最高人民法院关于审理生态环境侵权责任纠纷案件适用法律若干问题的解释》等司法解释释明了生态环境损害赔偿审判中法律适用的难点，对案例实践具有重要的指导意义。

2019年6月，最高人民法院发布《最高人民法院关于审理生态环境损害赔偿案件的若干规定（试行）》，该司法解释专门针对生态环境损害赔偿案件的审理，对生态环境损害赔偿诉讼案件的受理条件、审理规则、责任体系、衔接规则、赔偿协议司法确认、强制执行等予以规定，既为司法实践中亟待明确的问题提供了解决方案，又为生态环境损害赔偿未来的立法方向提供了参考。[①] 值得注意的是，该司法解释第十七条明确了生态环境损害赔偿诉讼和民事公益诉讼的先后顺序，规定："人民法院受理因同一损害生态环境行为提起的生态环境损害赔偿诉讼案件和民事公益诉讼案件，应先中止民事公益诉讼案件的审理，待生态环境损害赔偿诉讼案件审理完毕后，就民事公益诉讼案件未被涵盖的诉讼请求依法作出裁判。"该条是关于协调生态环境损害赔偿诉讼案件和民事公益诉讼案件审理程序的规定，[②] 遵循生态环境损害救济领域中，环境资源行政监管部门承担第一顺位的环境保护义务，司法权扮演最后一道防线的角色的原则。[③]

《最高人民法院关于审理生态环境侵权纠纷案件适用惩罚性赔偿的解释》自2022年1月20日起施行，其第十二条规定："国家规定的机关或者法律规定的组织作为被侵权人代表，请求判令侵权人承担惩罚性赔偿责任的，人民法院可以参照前述规定予以处理。"该条规定明确环境民事公益诉讼、生态环境损害赔偿诉讼中惩罚性赔偿的参照适用，[④] 有助于进一步提升恶性生态环境

① 孙佑海等：《生态环境损害赔偿立法研究》，北京：中国社会科学出版社，2023年版，第16页。

② 最高人民法院环境资源审判庭：《最高人民法院生态环境损害赔偿案件司法解释理解与适用》，北京：人民法院出版社，2023年版，第243页。

③ 彭中遥：《行政机关提起生态环境损害赔偿诉讼的理论争点及其合理解脱》，载《环境保护》2019年第5期，第24-30页。

④ 最高人民法院环境资源审判庭：《环境资源审判与行政执法　第2辑》，北京：法律出版社，2023年版，第33页。

破坏行为的违法成本。

《最高人民法院关于生态环境侵权民事诉讼证据的若干规定》自 2023 年 9 月 1 日起施行，该司法解释聚焦生态环境侵权民事纠纷案件中的证据规则问题，包括适用范围、举证责任、证据的调查收集和保全等内容，回应了司法实践中存在的鉴定机构有限、过度依赖鉴定、虚假鉴定等问题。[①] 值得注意的是，该司法解释依据《民事案件案由规定》关于“生态环境保护民事公益诉讼”案由的规定，在第一条将环境污染民事公益诉讼案件、生态破坏民事公益诉讼案件和生态环境损害赔偿诉讼案件整合为生态环境保护民事公益诉讼案件，从证据的角度推动环境民事公益诉讼和生态环境损害赔偿诉讼的融合。

《最高人民法院关于审理生态环境侵权责任纠纷案件适用法律若干问题的解释》自 2023 年 9 月 1 日起实施，共 29 条，主要规定生态环境侵权案件范围、归责原则、数人侵权责任、责任主体、责任承担、诉讼时效内容，为生态环境损害赔偿诉讼案件的赔偿义务人的确定、责任划分等难点问题的解决提供了法律依据。

（4）生态环境损害赔偿责任被纳入地方立法

我国一些地方性立法规定了生态环境损害赔偿责任，如福建省、吉林省、河北省等省的环境保护条例。[②]《南通市生态环境损害赔偿程序规定》是全国首个生态环境损害赔偿专项地方性法规，其聚焦基层生态治理过程中磋商主体缺失、部门联动不足等突出问题，以“小快灵”的方式推进法治进程，[③] 其主要亮点包括明确镇人民政府、街道办事处的协助职责，以及中止生态环境损害调查的情形，列举替代修复等的具体形式等。截至 2025 年 2 月，广东省内共有《广州市生态环境保护条例》《中山市工业固体废物污染环境防治条例》等五部地方性法规对生态环境损害赔偿责任作出专门规定，涉及固体废物污染环境防治、公园生态环境保护、零散工业废水等领域，符合地方生态

① 最高人民法院环境资源审判庭：《最高人民法院生态环境侵权民事证据规定理解与适用》，北京：中国法制出版社，2023 年版，第 21 页。

② 孙佑海等：《生态环境损害赔偿立法研究》，北京：中国社会科学出版社，2023 年版，第 18 页。

③ 《江苏南通发布首部地方性法规——规范生态环境损害赔偿》，参见光明网 2025 年 2 月 26 日，https://news.gmw.cn/2025-02/26/content_37871034.htm。

环境保护的特色和需要，具体条文规定见表 2-1。

表 2-1　广东省生态环境地方立法纳入生态环境损害赔偿责任情况

地方性法规名称	条文
《广州市生态环境保护条例》	第十九条　单位或者个人违反有关规定，造成生态环境损害的，应当依法及时进行治理和修复。在规定期限内未修复的，规划和自然资源、生态环境、水务、农业农村、林业园林等部门可以自行修复或者委托他人实施修复，所需费用由造成损害的单位或者个人负担。 因历史原因、公共利益或者重大自然灾害等情形导致具有重要生态服务功能和生态价值的湿地、水体、森林、水源涵养地等生态系统功能退化或者价值受损的，规划和自然资源、生态环境、水务、农业农村、林业园林等部门和相关管理机构应当依职责组织或者指导、协调实施生态修复。 第二十条　市人民政府可以作为本市生态环境损害赔偿权利人，可以指定司法行政、财政、规划和自然资源、生态环境、住房和城乡建设、水务、农业农村、城市管理综合执法、林业园林等有关部门代表赔偿权利人开展生态环境损害赔偿具体工作。 生态环境损害赔偿资金应当统筹用于开展生态环境修复相关工作。
《深圳经济特区公园条例》	第五十八条　因污染环境、破坏生态对公园生态环境造成损害的，应当依法承担生态环境损害赔偿责任；构成犯罪的，依法追究刑事责任。
《中山市工业固体废物污染环境防治条例》	第三十一条　违反本条例规定，工业固体废物污染环境，造成他人损害或者生态环境损害的，受到污染损害的公民、法人和其他组织有权要求污染者依法赔偿损失；有关行政机关可以依法向人民法院提起生态环境损害赔偿诉讼；支持人民检察院根据法律的相关规定，提起民事公益诉讼或者行政公益诉讼。
《珠海经济特区固体废物污染环境防治条例》	第三十七条　对查获的非法倾倒、堆放、丢弃、遗撒的固体废物，责任人应当组织实施清理处置，并治理被污染的环境；造成生态环境损害的，应当依法承担生态环境损害赔偿责任。
《东莞市零散工业废水管理条例》	第三十五条　零散工业废水产生单位、零散工业废水处理单位违反本条例规定，造成生态环境损害的，应当依法承担生态环境损害赔偿责任。

2.2.3　国家制度沿革

党的十八大以来，以习近平同志为核心的党中央把生态文明建设作为关系人民福祉、关乎民族未来的大计，纳入中国特色社会主义“五位一体”总体布局和“四个全面”战略布局，载入党章和宪法。[①]2015 年 3 月 24 日，中共中央政治局召开会议，审议通过《关于加快推进生态文明建设的意见》，将“基本形成源头预防、过程控制、损害赔偿、责任追究的生态文明制度体系”作为目标之一，并要求“加快形成生态损害者赔偿、受益者付费、保护者得到合理补偿的运行机制”。2015 年 9 月 11 日，中共中央政治局召开会议，审议通过了《生态文明体制改革总体方案》，要求“坚持源头严防、过程严管、损害严惩、责任追究”；该方案作为生态文明体制改革的顶层设计，再次明确提出要严格实行生态环境损害赔偿制度，[②]规定“对造成生态环境损害的，以损害程度等因素依法确定赔偿额度；对造成严重后果的，依法追究刑事责任。”

（1）地方试点阶段

2015 年，中共中央办公厅、国务院办公厅印发《生态环境损害赔偿制度改革试点方案》，拉开了生态环境损害赔偿制度改革地方试点的帷幕。《生态环境损害赔偿制度改革试点方案》包括总体要求和目标、试点原则、适用范围、试点内容、保障措施五方面内容。在试点阶段，赔偿权利人是经国务院授权的省级政府，赔偿权利人可指定相关部门或机构负责生态环境损害赔偿具体工作。2016 年 8 月 30 日，中央全面深化改革领导小组第二十七次会议审议通过了《关于在部分省份开展生态环境损害赔偿制度改革试点的报告》，会议同意在吉林、江苏、山东、湖南、重庆、贵州、云南 7 省市开展生态环境损害赔偿制度改革试点。[③]

（2）全国试行阶段

在总结各地区改革试点实践经验基础上，2017 年 12 月，中共中央办公厅、国务院办公厅印发《生态环境损害赔偿制度改革方案》，明确“自 2018 年

---

① 北京市习近平新时代中国特色社会主义思想研究中心：《新时代生态文明建设的根本遵循》，2020 年 6 月 11 日《光明日报》第 6 版。

② 孙佑海等：《生态环境损害赔偿立法研究》，北京：中国社会科学出版社，2023 年版，第 15 页。

③ 黄润秋：《改革生态环境损害赔偿制度　强化企业污染损害赔偿责任》，载中华人民共和国生态环境部网 2016 年 11 月 9 日，https://www.mee.gov.cn/gkml/sthjbgw/qt/201611/t20161109_367153.htm。

1月1日起，在全国试行生态环境损害赔偿制度"，将生态环境损害赔偿制度改革从地方试点扩展至全国试行。《生态环境损害赔偿制度改革方案》沿袭了《生态环境损害赔偿制度改革试点方案》的基本框架，对《生态环境损害赔偿制度改革试点方案》进行了补充调整，主要表现在4个方面：一是将赔偿权利人由省级政府扩大至市地级政府（包括直辖市所辖的区县级政府），形成省市两级主体共同行使索赔权，并对省级政府和市地级政府的管辖划分作了原则性规定；二是授权地方细化启动生态环境损害赔偿的具体情形，降低启动赔偿工作的门槛；三是健全磋商机制，赋予赔偿协议强制执行效力；四是完善赔偿诉讼规则，做好赔偿诉讼与公益诉讼的衔接。①

2020年3月，财政部联合自然资源部、生态环境部、住房城乡建设部、水利部、农业农村部、林草局、高法院、高检院印发《生态环境损害赔偿资金管理办法（试行）》，该文件以"收支两条线"为原则，要求"生态环境损害赔偿资金作为政府非税收入，实行国库集中收缴，全额上缴赔偿权利人指定部门、机构的本级国库，纳入一般公共预算管理。"此外，《生态环境损害赔偿资金管理办法（试行）》还区分不同阶段的资金执收主体，明确"赔偿权利人指定的相关部门、机构负责执收生态环境损害赔偿协议确定的生态环境损害赔偿资金；人民法院负责执收由人民法院生效判决确定的生态环境损害赔偿资金。"回应了实践中地方对于生态环境损害赔偿资金使用管理的疑问。但值得注意的是，该文件依然无法完全解决实践中关于资金管理与使用面临的难题，尤其是修复资金申请困难、基层办案垫付的费用返还难等问题，都困扰着基层办案人员。孙佑海等认为，生态环境损害赔偿资金管理存在四方面的问题：一是法律性质模糊，二是使用范围不明，三是缺乏专门的履行保障机制，四是缺失统一明确的管理规范。②

2020年8月，生态环境部联合司法部、财政部、自然资源部、住房城乡建设部、水利部、农业农村部、卫生健康委、林草局、最高人民法院、最

① 李干杰：《让生态环境损害赔偿制度改革成为人民环境权益的坚实保障》，中华人民共和国生态环境部网 2017年12月18日，https://www.mee.gov.cn/gkml/sthjbgw/qt/201712/t20171218_428063.htm。

② 孙佑海等：《生态环境损害赔偿立法研究》，北京：中国社会科学出版社，2023年版，第37页。

高人民检察院印发《关于推进生态环境损害赔偿制度改革若干具体问题的意见》。该文件就生态环境损害赔偿制度改革实践中遇到的诸如案涉多个部门谁来负责等 18 个重点问题，形成共识。[①]《关于推进生态环境损害赔偿制度改革若干具体问题的意见》明确“《生态环境损害赔偿制度改革方案》中明确的赔偿权利人可以根据相关部门职能指定生态环境、自然资源、住房城乡建设、水利、农业农村、林业和草原等相关部门或机构负责生态环境损害赔偿的具体工作”，并细化了生态环境损害赔偿案件办理流程，为推动生态环境损害赔偿改革实践常态化提供了制度支撑。

（3）常态化运行阶段

2022 年 4 月，经中央全面深化改革委员会审议通过，《生态环境损害赔偿管理规定》由生态环境部联合最高人民法院、最高人民检察院共 14 家单位印发。《生态环境损害赔偿管理规定》是生态环境损害赔偿制度改革全国试行以来，由中央全面深化改革委员会总结试行成果后通过的专项规范性文件，对进一步推进该项改革具有重要意义。[②]《生态环境损害赔偿管理规定》包括 5 章共 38 条，对生态环境损害赔偿工作程序做出了详细的规定，强调案件线索筛查制度的建立和落实，以“修复有效”为目标区分了生态环境损害可以修复和不能修复的案件的办理要求，并通过明确规定“生态环境损害赔偿工作纳入污染防治攻坚战成效考核以及环境保护相关考核”，压实地方党委和政府的责任。

2025 年 1 月，生态环境部等 12 家单位联合印发《关于深入推进生态环境损害赔偿制度改革若干具体问题的意见》，该文件旨在推动解决实践中的突出问题，回应地方关切，是贯彻落实党中央、国务院部署安排，进一步深入推进生态环境损害赔偿制度改革的重要举措。[③]《关于深入推进生态环境损害赔

① 《11 部门携手推进生态环境损害赔偿制度改革　扩大线索发现渠道　明确具体操作细节》，2020 年 9 月 14 日《中国环境报》第 8 版。

② 别涛，季林云：《生态环境损害赔偿制度化的新阶段——〈生态环境损害赔偿管理规定〉解读》，载《环境保护》2022 年第 50 卷第 9 期，第 11-13 页。

③ 《生态环境部有关负责同志就〈关于深入推进生态环境损害赔偿制度改革若干具体问题的意见〉答记者问》，中华人民共和国生态环境部网 2025 年 1 月 23 日，https://wzq1.mee.gov.cn/ywdt/zbft/202501/t20250123_1101268.shtml。

偿制度改革若干具体问题的意见》共18条，回应了实践中困扰基层生态环境损害赔偿实践的问题，如生态环境损害显著轻微的确定标准不明、简单案件的确定标准不清、重大案件的范围模糊等，以繁简分流为原则，确立了显著轻微案件、简单案件、重大案件的区分原则，并强调修复到位的把控需贯穿生态环境损害赔偿案件办理全过程。但是值得注意的是，《关于深入推进生态环境损害赔偿制度改革若干具体问题的意见》关于案件繁简分流的区分界限偏原则性，留待省级赔偿权利人及其指定的部门或机构量化有关指标，如污染物超标倍数、污染排放持续时间等，便于基层适用。

2.2.4 我国生态环境损害赔偿制度现状和实践情况

（1）制度现状

经过十年的制度探索，生态环境损害赔偿制度的内容逐渐丰富：《生态环境损害赔偿制度改革方案》确立的鉴定评估、磋商、诉讼、修复等主要的制度框架被不断细化，《生态环境损害赔偿管理规定》明确案件办理全流程要求，《关于深入推进生态环境损害赔偿制度改革若干具体问题的意见》细化办案要求。目前，生态环境损害赔偿制度已基本达到“责任明确、途径畅通、技术规范、保障有力”的目标，为案件办理提供了规则清晰的指导。根据《生态环境损害赔偿管理规定》，规范化办理生态环境损害赔偿案件共包括七步：案件线索筛查，案件线索核查，损害调查（鉴定评估），磋商，诉讼（非必须），修复，修复效果评估。具体流程见图2-1。对于这7个环节，笔者将在后文结合广东省实践分析其具体要求。

（2）实践现状

改革试点和全面试行以来，生态环境部会同各有关部门积极推进，各地方组织实施，在全国范围内构建了生态环境损害赔偿制度，全面完成了“责任明确、途径顺畅、技术规范、保障有力、赔偿到位、修复有效”的阶段性目标。根据生态环境部在2024年10月全面推进美丽中国建设律师生态环境法律能力提升培训班上公开的数据，2018年至2024年8月底，全国共办理生态损害赔偿案件约4.14万件，各地办理的案件涉及的赔偿金额共计约

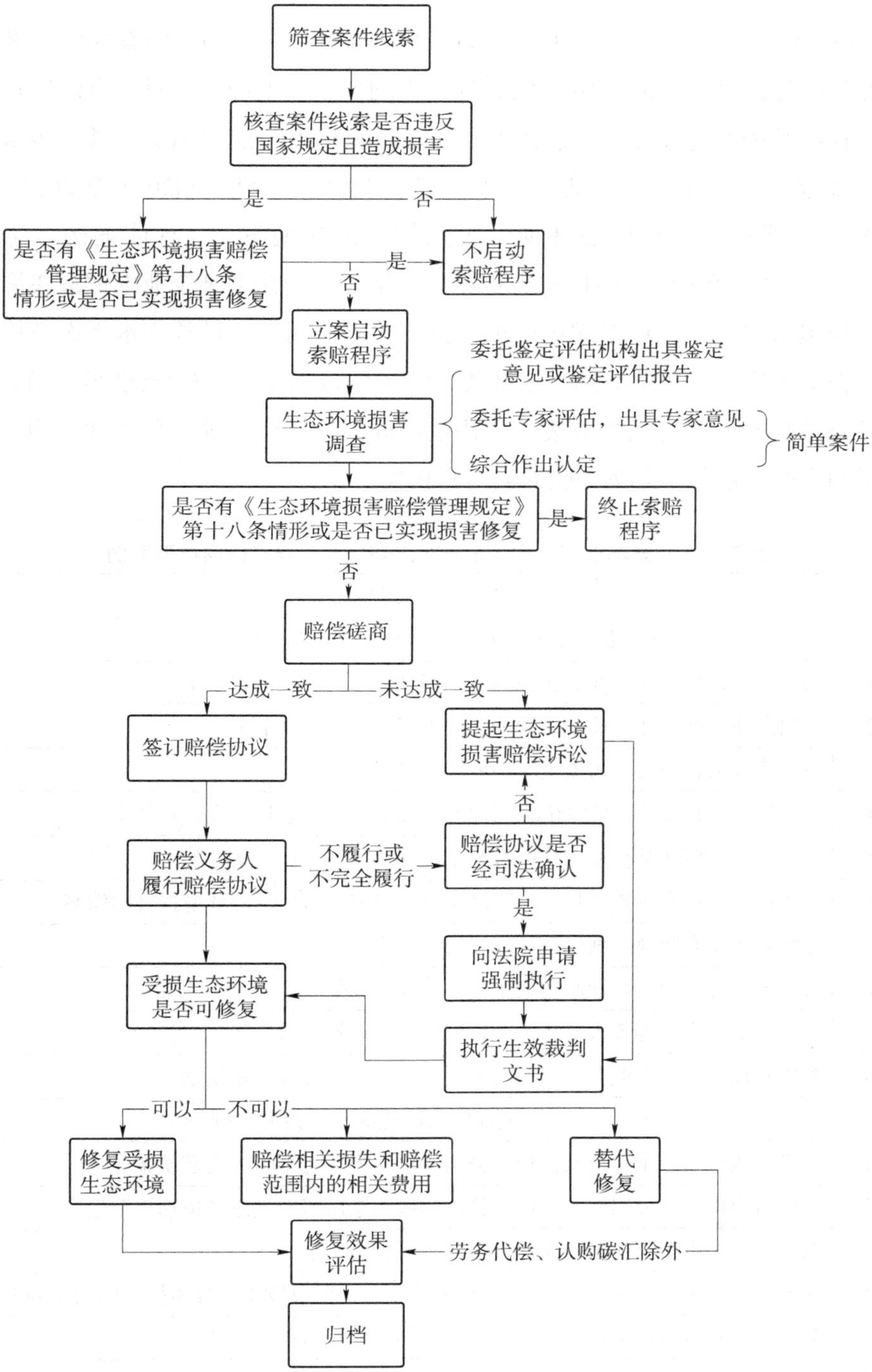

图 2-1　生态环境损害赔偿案件办理流程图

229.6 亿元，71.63% 的案件由县级部门和机构办理，74.80% 的案件由生态环境部门办理，已办结的 2.16 万宗案件的平均办案周期约 5 个月，全国通过诉讼途径办结的案件 428 宗。总体上，生态环境损害赔偿案例实践进一步常态化、规范化，生态环境损害赔偿制度落地见效。另外，2020 年至 2023 年，生态环境部发布三批生态环境损害赔偿磋商典型案例（具体案例名称见表 2-2），对实践中的经验做法进行提炼总结，其中深圳某企业电镀液渗漏生态环境损害赔偿案和广东省中山市某铜业有限公司违法排放废水生态环境损害赔偿案为广东省入选案例。三批共 30 个生态环境损害赔偿典型案例涵盖违法倾倒危险废物、违法排放废水、违法排放大气污染物等多种案件类型，展现了制度改革过程中办案经验的创新和积累。

表 2-2　生态环境部发布的三批生态环境损害赔偿磋商典型案例

编号	案例名称
第一批生态环境损害赔偿磋商十大典型案例	
1	山东济南章丘区 6 企业非法倾倒危险废物生态环境损害赔偿案
2	贵州息烽大鹰田 2 企业非法倾倒废渣生态环境损害赔偿案
3	浙江诸暨某企业大气污染生态环境损害赔偿案
4	天津经开区某企业非法倾倒废切削液和废矿物油生态环境损害赔偿案
5	江苏苏州高新区某企业渗排电镀废水生态环境损害赔偿案
6	湖南郴州屋场坪锡矿“11 · 16”尾矿库水毁灾害事件生态环境损害赔偿案
7	深圳某企业电镀液渗漏生态环境损害赔偿案
8	安徽池州月亮湖某企业水污染生态环境损害赔偿案
9	上海奉贤区张某等 5 人非法倾倒垃圾生态环境损害赔偿案
10	重庆两江新区某企业非法倾倒混凝土泥浆生态环境损害赔偿案
第二批生态环境损害赔偿磋商十大典型案例	
1	宁夏回族自治区中卫市某公司污染腾格里沙漠生态环境损害赔偿案
2	重庆市南川区某公司赤泥浆输送管道泄漏污染凤咀江生态环境损害赔偿案
3	贵州省遵义市某公司未批先建生态环境损害赔偿案
4	江苏省南通市 33 家钢丝绳生产企业非法倾倒危险废物生态环境损害赔偿系列案
5	某公司向安徽省颍上县跨省倾倒危险废物生态环境损害赔偿案

续表

编号	案例名称
6	湖南省沅江市 3 家公司污染大气生态环境损害赔偿案
7	北京市丰台区某公司违法排放废水生态环境损害赔偿案
8	河北省三河市某公司超标排放污水生态环境损害赔偿案
9	山东省东营市某公司倾倒危险废物生态环境损害赔偿案
10	浙江省衢州市某公司违规堆放危险废物生态环境损害赔偿案
第三批生态环境损害赔偿磋商十大典型案例	
1	山东省南四湖流域全盐量硫酸盐超标排放生态环境损害赔偿系列案
2	浙江省海宁市某科技工业园部分企业废水通过渗坑直排污染土壤生态环境损害赔偿案
3	黑龙江省伊春市某公司尾矿库泄漏污染部分河段、农田及林地生态环境损害赔偿案
4	上海市浦东新区 3 家公司违法倾倒泥浆生态环境损害赔偿案
5	江西省吉安市某循环经济产业园相关企业违法排放生态环境损害赔偿案
6	河北省邯郸市某污水处理厂超标排放生态环境损害赔偿案
7	江苏省苏州市昆山某纸塑公司非法倾倒废有机溶剂生态环境损害赔偿案
8	某公司向湖北省鄂州市跨省非法倾倒危险废物生态环境损害赔偿案
9	广东省中山市某铜业有限公司违法排放废水生态环境损害赔偿案
10	安徽省马鞍山市某企业多次违法排放废气、废水生态环境损害赔偿案

2.2.5　地方改革制度实践

（1）地方制度文件细化制度实施规则

《生态环境损害赔偿制度改革方案》要求“各省（自治区、直辖市）、市（地、州、盟）党委和政府要加强对生态环境损害赔偿制度改革的统一领导，及时制定本地区实施方案，明确改革任务和时限要求，大胆探索，扎实推进”，为省市两级赔偿权利人落实改革责任、制定符合本地区实际的生态环境损害赔偿制度文件提供了依据。截至 2020 年 7 月，全国所有省级党委、政府都印发了生态环境损害赔偿制度改革实施方案，① 从省级层面细化了生态环境

① 《生态环境部举行新闻发布会　介绍生态环境保护法规标准等工作进展并答问》，中华人民共和国生态环境部网 2020 年 7 月 2 日，https://www.gov.cn/xinwen/2020-07/02/content_5523492.htm。

损害赔偿制度规则，为案件办理提供了有力指导。除了改革实施方案，各省（自治区、直辖市）根据国家规定，基于本地实际和办案需要，制定了丰富的制度文件，为生态环境损害赔偿制度落地落实落细打牢规则基础。表 2-3 梳理了部分省（自治区、直辖市）和城市关于生态环境损害赔偿制度的文件，既有指导案件办理全流程的综合性文件，也有指导某一案件环节的专项文件。

表 2-3　部分省（自治区、直辖市）和城市生态环境损害赔偿制度文件出台情况

政策类别	政策名称
综合性政策文件	河北省、北京市、天津市：《河北省生态环境厅、北京市生态环境局、天津市生态环境局关于协同办理跨区域生态环境损害赔偿案件的通知》。
	江苏省：①《关于贯彻落实生态环境损害赔偿管理规定的实施意见》（经江苏省委、省政府同意，江苏省生态环境厅等 16 家单位共同印发）。②江苏省自然资源厅：《自然资源领域生态环境损害赔偿工作指引》。③南京市：《生态环境损害赔偿案件办理工作指南》。
	浙江省：①《浙江省生态环境损害赔偿管理办法》（经浙江省委全面深化改革委员会会议审议通过，浙江省生态环境厅等 14 家单位共同印发）。②浙江省生态环境厅：《浙江省自然资源领域生态环境损害赔偿工作指引（试行）》。
	重庆市：①重庆市生态环境局：《重庆市生态环境损害赔偿工作机制》。②重庆市生态环境局：《重庆市生态环境损害赔偿案件办理指南》。
	云南省：《云南省生态环境损害赔偿管理办法》（经云南省委全面深化改革委员会第七次会议审议通过，云南省生态环境厅等 14 家单位共同印发）。
	江西省：《关于贯彻落实生态环境损害赔偿管理规定的实施意见》（经江西省政府同意，江西省生态环境厅等 14 家单位共同印发）。
	山东省：《山东省实施〈生态环境损害赔偿管理规定〉细则》（山东省生态环境厅等 13 家单位共同印发）。
	宁夏回族自治区：《宁夏回族自治区生态环境损害赔偿管理工作规定》（经宁夏回族自治区党委全面深化改革委员会审议通过，宁夏回族自治区生态环境厅等 14 家单位共同印发）。
	甘肃省：《甘肃省生态环境损害赔偿工作机制（试行）》（经甘肃省政府同意，甘肃省生态环境厅等 13 家单位共同印发）。
	安徽省：《安徽省生态环境损害赔偿实施办法》（安徽省生态环境厅等 14 家单位共同印发）。

续表

政策类别	政策名称
专项性政策文件	案件线索筛查与核查：①《广西壮族自治区污染环境类违法案件生态环境损害显著轻微认定细则》。②《湖南省生态环境厅生态环境损害赔偿案件线索筛查和案件办理工作规定》。
	案件调查：①《天津市生态环境损害赔偿与生态环境行政执法协同衔接工作指南》。②福建省龙岩市：《生态损害赔偿简易评估管理办法（试行）》。③《湖北省生态环境损害赔偿调查管理办法（试行）》。④《贵州省生态环境损害鉴定评估专家库管理办法》。
	磋商：①辽宁省：《辽宁省生态环境损害赔偿磋商办法》。②陕西省：《陕西省生态环境损害赔偿磋商办法》。③上海市：《上海市生态环境损害赔偿磋商管理办法》。
	修复：①江苏省常州市：《关于在生态环境损害赔偿和公益诉讼案件中开展生态公益岗位劳务代偿的办法（试行）》。②湖北省宜昌市：《关于在破坏森林资源案件中开展生态环境修复、生态环境损害赔偿适用认购林业碳汇的意见（试行）》。
	修复效果评估：《山东省生态环境损害修复效果后评估工作办法》。
	重大案件督办：《贵州省重大生态环境损害赔偿案件督办暂行办法》。
	制度衔接：①江苏省：《关于加强生态环境损害赔偿与检察公益诉讼衔接机制的实施意见》。②江西省：《关于加强生态环境损害赔偿与检察公益诉讼衔接的办法》。
	信息公开：《湖北省生态环境损害赔偿典型案例评选办法（试行）》。
	资金管理：《安徽省生态环境损害赔偿资金管理办法》。

（2）地方案例实践探索办案经验

案件办理是生态环境损害赔偿制度的落脚点。根据《生态环境损害赔偿管理规定》，国务院授权的省级、市地级政府（包括直辖市所辖的区县级政府，下同）作为本行政区域内生态环境损害赔偿权利人。赔偿权利人可以根据有关职责分工，指定有关部门或机构负责具体工作。自生态环境损害赔偿制度建立以来，各地积极推进案件办理，使“环境有价，损害担责”成为切实可见的办案实效。根据生态环境损害赔偿改革进展报送系统，截至 2025 年 4 月，全国共有 4 个省份的生态环境损害赔偿案件数量超过 5 000 宗，分别是江苏省、山东省、湖南省、江西省，其中江苏省是首个生态环境损害赔偿案件数量突破万宗的省份。表2–4列举了江苏省、山东省、湖南省、江西省入选生态环境部发布的三批生态环境损害赔偿磋商典型案例经验，该9个案例的生态环境损害数额从数十万元到数亿元不等，办案的创新做法涉及损害调查、磋商、修复等多个环节，有效实现了生态效益和社会效益的统一，为类案的办理树立了样板。

表2–4　江苏省、山东省、湖南省、江西省典型案例及办案经验[①]

省份	入选典型案例的案件名称	办案经验
江苏省	江苏苏州高新区某企业渗排电镀废水生态环境损害赔偿案	一是生态环境部门与公安机关联合调查，鉴定评估依规开展，为后期赔偿磋商奠定坚实基础。二是赔偿协议经法院司法确认，保证了生态环境损害赔偿的执行力。三是按赔偿协议要求，组织涉案企业开展土壤、地下水修复，并通过报纸、电视、网络等媒体广泛宣传报道，起到了“处置一个、警示一批、教育一片”的宣传教育作用。
	江苏省南通市33家钢丝绳生产企业非法倾倒危险废物生态环境损害赔偿系列案	一是经多轮磋商，南通市生态环境局开发区分局与33家企业签订赔偿协议，并全部履行到位。该案对类似群发性生态环境损害赔偿案件的办理提供了经验借鉴和示范作用。二是南通市人民政府指定生态环境部门组织开展磋商，并抽调多个部门人员成立磋商工作小组，协调推进磋商事宜，创新性采取集中磋商、集中签约的方式，极大提高了办案效率。三是设立临时赔偿资金专用账户，确保资金用于实际修复，便于资金使用和监管。四是加强警示教育，提高企业环境责任主体意识。
	江苏省苏州市昆山某纸塑公司非法倾倒废有机溶剂生态环境损害赔偿案	一是危险废物应急处置与生态环境损害鉴定评估同步开展。二是探索建立生态环境损害赔偿与公益诉讼衔接机制。生态环境部门充分依托检察机关的法律监督优势，核实该公司非法倾倒废有机溶剂的总量和去向，查实该公司主管以及非法倾倒人员蔡某等相关责任人。检察机关召集属地政府、水务、应急等部门，通过公开听证、实地走访等多种方式，切实了解、掌握多方意见，并引入司法监管模式，签订《监管意见书》，将检察机关提起环境民事公益诉讼作为后续选择，从而引导企业主动承担环境修复责任，切实提高磋商效率。三是缴纳履约保证金确保生态环境损害得

① 参见生态环境部官方网站：https://www.mee.gov.cn/ywgz/fgbz/sthjshpczd/index_1.shtml。

续表

省份	入选典型案例的案件名称	办案经验
江苏省	江苏省苏州市昆山某纸塑公司非法倾倒废有机溶剂生态环境损害赔偿案	到有效修复。四是行政处罚与企业刑事合规审查统筹推进，苏州市姑苏区人民法院把企业相关责任人员从轻处理的依据写入刑事判决书，系江苏省首例企业刑事合规成果被法院采纳作为酌定情节的案件。五是该案生态环境损害赔偿金已用于昆山市生态环境损害赔偿基地建设，拓展生态环境损害赔偿替代修复新路径。
山东省	山东济南章丘区 6 企业非法倾倒危险废物生态环境损害赔偿案	案件为重大突发环境事件，生态环境损害数额达到 2.4 亿元，在全国范围有较大的影响，具有积极的宣传、教育和警示意义。一是案件涉及环境危害较大、修复难度和费用高、责任界定困难、磋商难度大，其处理过程和方式对其他类似案件具有较好的借鉴意义。二是索赔部门运用了磋商和诉讼两种途径索赔，及时对生态环境进行了有效修复，实现了社会效益和环境效益的双赢。
	山东省东营市某公司倾倒危险废物生态环境损害赔偿案	一是生态环境修复及时全面，案发后迅速开展应急处置，防止污染扩大；对于造成的大气等生态环境损害无法修复的部分，赔偿义务人以改造提升水渠及周边生态环境质量的方式进行替代修复。二是在应急结束后，多部门联合，第一时间启动了该案生态环境损害调查与鉴定评估工作，确保了生态环境损害鉴定评估报告的可靠性和时效性，为赔偿磋商及时收集了有效证据。在正式磋商之前，多次组织该案有关单位进行有效沟通，确保各单位充分了解案情。三是创新资金管理方式，全程委托第三方审计公司进行审计，赔偿义务人主动缴纳履约保证金 1 000 万元，保障修复及时有效。
	山东省南四湖流域全盐量硫酸盐超标排放生态环境损害赔偿系列案	一是强化与检察机关联动，生态环境部门主动邀请检察机关参与召开推进会、现场调查、磋商等环节，合力推进索赔。二是科学开展鉴定，固定损害证据，在无生态环境损害赔偿先例和无硫酸盐、全盐量在线监测数据可供参考的情况下，鉴定评估机构通过对企业排污口、南四湖和相关入湖河流的水质及底泥现场取样、分析，确定相关煤矿企业硫酸盐、全盐量超标排放造成的环境损害程度及范围，创新性地综合运用虚拟治理成本法、水资源影子价格法、恢复费用法等多种方式合理确定赔偿金额，为后续顺利开

续表

省份	入选典型案例的案件名称	办案经验
山东省	山东省南四湖流域全盐量硫酸盐超标排放生态环境损害赔偿系列案	展磋商、实现生态环境修复奠定了基础。三是针对不同企业情况分类提出赔偿方式，探索采取提高企业排放限值要求、建立南四湖枣庄恢复性生态环境损害赔偿基地等多种方式实现环境修复。
湖南省	湖南郴州屋场坪锡矿“11·16”尾矿库水毁灾害事件生态环境损害赔偿案	一是在应急处置结束后，及时启动生态环境损害调查与鉴定评估工作，确保了生态环境损害鉴定评估数据的可靠性和时效性。二是委托第三方编制修复方案，并确定生态环境修复工程分为河道生态修复工程、土壤修复工程和饮用水源保障3个部分，力求达到最佳修复效果。三是明确修复过程采取市生态环境部门统一监督，相关区县具体负责的方式，资金由企业按修复方案直接拨付到相关区县专用账户，确保专款专用。
	湖南省沅江市3家公司污染大气生态环境损害赔偿案	一是采取简易评估认定程序，实现磋商效率和修复效益的双赢。二是针对多家公司的小型大气环境污染案件，探索了集中替代修复模式，打造益阳沅江生态环境损害赔偿警示林。三是建设损害赔偿替代修复基地，起到了良好的生态效应和社会效果。
江西省	江西省吉安市某循环经济产业园相关企业违法排放生态环境损害赔偿案	一是部门联动，转变观念。该案办理过程中，行政机关通过成员单位协作配合，开展生态环境损害赔偿制度改革宣传，推动赔偿义务人从“不想赔”到“想少赔”再到“主动赔”，自觉履行赔偿义务。 二是损害量化，精准定责。聘请鉴定评估机构结合排污方式、特征污染因子以及实地损害情况，对生态环境损害金额进行精准量化。根据鉴定评估结论，经过多轮拉锯式磋商，3家企业分别承担44%、44%、12%的赔偿责任。三是法理融合，分期赔付。为服务企业经济发展，经磋商同意企业分批次支付赔偿金，解决了赔偿义务人一次性赔偿能力不足的问题。四是先行修复，减少损害。为避免损害扩大，率先开展受污染耕地生态修复，修复资金从赔偿资金中相应扣减，有效缩短了修复时间，提升了修复效果。

第 3 章

广东省生态环境损害赔偿制度改革工作实施情况

自 2018 年生态环境损害赔偿制度全国试行以来，广东省积极推动生态环境损害赔偿制度建设，相继出台广东省《生态环境损害赔偿制度改革实施方案》、《广东省生态环境损害赔偿工作办法（试行）》等制度文件，推动一批具有典型性和生态效益的案件办理，深入践行“环境有价，损害担责”理念。本章将从省级层面，对生态环境损害赔偿制度建设和实践情况进行全面梳理和分析。

3.1 省级制度建设情况

经过逾八年的制度改革，广东省在制度层面探索了丰富的实践，搭建起“1+2+N”的制度架构，为办理生态环境损害赔偿案件提供详细指导。“1+2+N”的制度架构包括 1 个制度改革工作领导小组、2 个综合性制度文件、N 个单项制度文件，其中单项制度文件随着国家生态环境损害赔偿制度改革的深化而不断丰富。表 3-1 列举了截至 2025 年 2 月，广东省人民政府及省级有关单位印发的生态环境损害赔偿制度文件。

扫码查看
部分文件全文

表 3–1 广东省生态环境损害赔偿制度文件（省级）

文件名	出台单位	出台时间
《广东省人民政府办公厅关于成立广东省生态环境损害赔偿制度改革工作领导小组的通知》	广东省人民政府办公厅	2018 年 4 月
《生态环境损害赔偿制度改革实施方案》	中共广东省委办公厅、广东省人民政府办公厅	2018 年 9 月
《广东省人民政府办公厅关于调整广东省生态环境损害赔偿制度改革工作领导小组成员的通知》	广东省人民政府办公厅	2019 年 8 月
《广东省生态环境损害赔偿工作办法（试行）》	广东省人民政府	2020 年 8 月
《关于建立健全生态环境部门生态环境损害赔偿制度改革与行政执法联动机制的通知》	广东省生态环境厅办公室	2023 年 5 月
《广东省水利厅实施水事违法行为生态环境损害赔偿工作办法（试行）》	广东省水利厅	2023 年 11 月
《广东省生态环境损害修复移送政府部门监管办法（试行）》	广东省高级人民法院等 9 家单位	2024 年 8 月

3.1.1 生态环境损害赔偿制度改革工作领导小组

《生态环境损害赔偿制度改革方案》规定，省（自治区、直辖市）政府成立生态环境损害赔偿制度改革工作领导小组。2018 年 4 月 3 日，广东省人民政府办公厅印发《广东省人民政府办公厅关于成立广东省生态环境损害赔偿制度改革工作领导小组的通知》（粤办函〔2018〕138 号），决定成立广东省生态环境损害赔偿制度改革工作领导小组，并明确领导小组的组长、副组长以及组员。领导小组组长为时任分管广东省环境保护厅（现广东省生态环境厅）的副省长，副组长为时任省政府副秘书长和时任广东省环境保护厅厅长，组员为广东省公安厅、广东省司法厅等 14 家单位的领导干部。领导小组日常工作由广东省环境保护厅承担，领导小组建立联络员制度，联络员由各成员单位相关工作人员担任，具体负责日常工作联系和协调。[①]

① 《广东省人民政府办公厅关于成立广东省生态环境损害赔偿制度改革工作领导小组的通知》（粤办函〔2018〕138 号），http://www.gd.gov.cn/zwgk/gongbao/2018/11/content/post_3365865.html。

2019 年 8 月 26 日，广东省人民政府办公厅印发《广东省人民政府办公厅关于调整广东省生态环境损害赔偿制度改革工作领导小组成员的通知》（粤办函〔2019〕286 号），根据机构设置、人员变动情况和工作需要对广东省生态环境损害赔偿制度改革工作领导小组成员作相应调整。

3.1.2　生态环境损害赔偿主体和案件范围

（1）赔偿主体

生态环境损害赔偿主体包括赔偿权利人、赔偿义务人和办案部门，《广东省生态环境损害赔偿工作办法（试行）》第三条对上述主体的范围进行了细化规定。表 3-2 对比了《广东省生态环境损害赔偿工作办法（试行）》和《生态环境损害赔偿制度改革方案》关于生态环境损害赔偿主体的规定。

表 3-2　广东省和国家规定关于生态环境损害赔偿主体的对比

赔偿主体	广东省规定	国家规定
赔偿权利人	根据国务院授权，省政府、各地级以上市政府为赔偿权利人；省内跨地级以上市的生态环境损害，由省政府管辖；其他生态环境损害，由损害结果发生地地级以上市政府管辖。跨省域的生态环境损害，由省政府协商开展生态环境损害赔偿工作。	省级、市地级政府（包括直辖市所辖的区县级政府）作为本行政区域内生态环境损害赔偿权利人；跨省域的生态环境损害，由生态环境损害地的相关省级政府协商开展生态环境损害赔偿工作。
赔偿义务人	违反法律法规，造成生态环境损害的单位或个人。	违反法律法规，造成生态环境损害的单位或个人。
办案部门	赔偿权利人指定的所属的自然资源、生态环境、住房城乡建设、水利、农业农村、林业等承担相关生态环境和资源保护职责的部门或机构；涉及两个以上部门或机构管理的生态环境损害，由赔偿权利人指定主办部门或机构办理，指定前可以由生态环境部门提出意见。	由省级、市地级政府指定的相关部门或机构。

通过对比可以发现，广东省在赔偿义务人方面的规定与国家规定保持一致。对于赔偿权利人，广东省在国家规定基础上增加了省内跨地级以上市的管辖规定，以及赔偿权利人的地域管辖；对于办案部门，广东省在国家规定基础上细化具体负责案件办理的部门，包括自然资源、生态环境、住房城乡建设、水利、农业农村、林业部门等6个部门，并明确涉及两个及以上部门或机构的案件的办案部门确定方式。

（2）案件范围

关于案件范围，《生态环境损害赔偿制度改革方案》规定三类需依法追究生态环境损害赔偿责任的情形，排除“人身伤害、个人和集体财产损失要求赔偿的”和海洋生态环境损害赔偿的适用，并为各地区根据地方实际细化情形留下了空间。三类情形包括：①发生较大及以上突发环境事件的；②在国家和省级主体功能区规划中划定的重点生态功能区、禁止开发区发生环境污染、生态破坏事件的；③发生其他严重影响生态环境后果的。《广东省生态环境损害赔偿工作办法（试行）》在《生态环境损害赔偿制度改革方案》的案件范围基础上增加“涉嫌破坏环境资源保护罪，存在后果特别严重、情节严重或者数量巨大等情形的”作为情形之一，精准有效地将严重损害生态环境的行为纳入“损害担责”的范畴，并将“历史遗留且无责任主体的生态环境损害问题”交由所在地政府纳入日常环境治理工作。表3-3对比了广东省与部分省份改革实施方案关于案件范围的规定，从表中可见，浙江省、江西省的生态环境损害赔偿制度改革实施方案亦将涉刑案件纳入案件范围，但对比广东省的规定又有所区别，浙江省未将造成生态环境严重损害的破坏资源犯罪纳入案件范围，江西省未要求被依法追究刑事责任的生态环境资源类案件的生态环境损害达到严重的程度。

表 3–3　广东省与部分省份改革实施方案关于案件范围的对比

省份	文件	关于案件范围的规定
广东省	《广东省生态环境损害赔偿工作办法（试行）》	第六条　本办法所称生态环境损害赔偿案件，是指本行政区域内发生的有下列情形之一的案件：（一）发生较大及以上突发环境事件的；（二）在国家和省级主体功能区规划中划定的重点生态功能区、禁止开发区发生环境污染、生态破坏事件的；（三）涉嫌破坏环境资源保护罪，存在后果特别严重、情节严重或者数量巨大等情形的；（四）发生其他严重影响生态环境后果的。具体情形可由各地级以上市根据本地区实际情况，综合考虑造成的环境污染、生态破坏程度以及社会影响等因素进一步明确。 以下情形的案件不适用本办法：（一）涉及人身伤害、个人和集体财产损失要求赔偿的；（二）涉及海洋生态环境损害赔偿的，适用海洋环境保护法等法律及相关规定；（三）历史遗留且无责任主体的生态环境损害问题，由所在地政府纳入日常环境治理工作。
江苏省	《江苏省生态环境损害赔偿制度改革实施方案》	（一）有下列情形之一的，按本方案要求依法追究生态环境损害赔偿责任：1. 发生较大及以上突发环境事件的；2. 在国家和省级主体功能区规划中划定的重点生态功能区、禁止开发区发生环境污染、生态破坏事件的；3. 发生其他严重影响生态环境后果的。各设区市应根据实际情况，综合考虑造成的环境污染、生态破坏程度以及社会影响等因素，明确具体情形。 （二）以下情形不适用本方案：1. 涉及人身伤害、个人和集体财产损失要求赔偿的，适用侵权责任法等法律规定；2. 涉及海洋生态环境损害赔偿的，适用海洋环境保护法等法律及相关规定。
浙江省	《浙江省生态环境损害赔偿制度改革实施方案》	（一）有下列情形之一的，按本实施方案要求依法追究生态环境损害赔偿责任：1. 发生较大及以上突发环境事件的；2. 在国家和省级主体功能区规划中划定的重点生态功能区、禁止开发区发生环境污染、生态破坏事件的；3. 在我省生态保护红线陆域范围内发生环境污染、生态破坏事件的；4. 涉嫌环境污染犯罪，造成生态环境严重损害的；5. 发生其他严重影响生态环境后果的。 （二）以下情形不适用本方案：1. 涉及人身伤害、个人和集体财产损失要求赔偿的，适用侵权责任法等法律规定；2. 涉及海洋生态环境损害赔偿的，适用海洋环境保护法等法律及相关规定。

续表

省份	文件	关于案件范围的规定
福建省	《福建省生态环境损害赔偿制度改革实施方案》	(一)有下列情形之一的，按本实施方案要求依法追究生态环境损害赔偿责任：1. 发生较大及以上突发环境事件的；2. 在国家和省级主体功能区规划中划定的重点生态功能区、禁止开发区发生环境污染、生态破坏事件的；3. 在全省陆域生态保护红线范围内发生环境污染、生态破坏事件的；4. 在重点生态功能区、禁止开发区以及陆域生态保护红线以外的其他地区发生环境污染、生态破坏事件，直接导致区域水、大气、土壤等环境质量等级下降，或耕地、林地、绿地、湿地、饮用水水源地等功能性退化的；5. 发生其他严重影响生态环境后果的。各设区市和平潭综合实验区应根据实际情况，综合考虑造成的环境污染、生态破坏程度以及社会影响等因素，明确具体情形。 (二)以下情形不适用本实施方案：1. 涉及人身伤害、个人和集体财产损失要求赔偿的，适用侵权责任法等法律规定；2. 涉及海洋生态环境损害赔偿的，适用海洋环境保护等法律及相关规定。
江西省	《江西省生态环境损害赔偿制度改革实施方案》	有下列情形之一的，按本实施方案要求依法追究生态环境损害赔偿责任：(一)发生较大以上生态环境损害事件的；(二)在国家和省级主体功能区规划中划定的重点生态功能区、禁止开发区发生环境污染、生态破坏事件的；(三)被依法追究刑事责任的生态环境资源类案件中，存在生态环境损害的；(四)其他造成生态环境损害、具有较大社会影响的。涉及人身伤害、个人和集体财产损失要求赔偿的不适用本方案。

3.1.3 生态环境损害赔偿案件线索筛查

案件线索筛查是生态环境损害赔偿工作常态化的关键环节之一。《生态环境损害赔偿管理规定》第十五条要求赔偿权利人建立线索筛查和移送机制，赔偿权利人指定的部门或机构根据本地区实施方案规定的任务分工，通过10个渠道定期组织筛查发现案件线索。《中华人民共和国民法典》和《生态环境损害赔偿管理规定》明确了生态环境损害赔偿责任在行为性质上与行政执法保持一致，即以违法性为前提，[①] 因而资源与环境行政处罚案件、涉嫌构成破坏环境资源保护犯罪的案件是生态环境损害赔偿案件线索的主要来源，也是案件线索筛查工作的重点。

为充分筛查生态环境损害赔偿案件线索，广东省生态环境厅在 2023 年探索建立健全生态环境损害赔偿制度与行政执法联动机制，促进在生态环境行政处罚案件、涉嫌环境污染犯罪案件的立案、调查、审查等过程中，发现涉案行为违反国家规定造成生态环境损害的，同时进行生态环境损害赔偿责任的调查评估和处理，同步追究违法行为人生态环境行政与刑事法律责任和生态环境损害赔偿责任。同时，广东省生态环境厅每年统筹各地级以上市筛查报送案件线索，形成案件线索清单，并组织开展核查，推动符合启动索赔程序条件的案件线索向案件转化，推动案件线索筛查的常态化。

3.1.4　生态环境损害调查

《生态环境损害赔偿管理规定》第十九条要求生态环境损害索赔启动后，赔偿权利人及其指定的部门或机构，应当及时围绕生态环境损害是否存在、受损范围、受损程度、是否有相对明确的赔偿义务人等问题开展损害调查，调查结束应当形成调查结论，并提出启动索赔磋商或者终止索赔程序的意见。生态环境损害由于有潜在性等特点，对损害范围、损害程度的鉴定评估往往成为案件办理的难点和关键。[②] 因此，《广东省生态环境损害赔偿工作办法（试行）》第二章专门细化生态环境损害赔偿案件调查规则，其中第七条规定调查职责，第八条规定鉴定、评估委托程序，第九条规定鉴定、评估机构出具报告的要求，第十条规定案件调查部门对鉴定、评估机构的协助，第十一条规定鉴定意见书或评估报告的内容要求，第十二条规定案件调查的时限要求，第十三条规定生态环境损害案件调查报告的内容要求。

① 孙佑海等：《生态环境损害赔偿立法研究》，北京：中国社会科学出版社，2023 年版，第 95 页。

② 别涛、季林云：《生态环境损害赔偿制度化的新阶段——〈生态环境损害赔偿管理规定〉解读》，载《环境保护》2022 年第 50 卷第 9 期，第 11-13 页。

（1）调查职责

在调查职责方面，广东省目前采取分级分类、属地管理的原则，由相关职责部门核实案件线索并通报赔偿权利人和同级生态环境主管部门，由赔偿权利人指定主办部门或机构开展案件调查，具体指定方式见图 3-1。《广东省生态环境损害赔偿工作办法（试行）》第七条强调，省级案件调查部门开展全面调查时，损害行为实施地、损害结果发生地的地级以上市政府及市级相关职责部门应当予以配合，为省级部门协调做好重大案件的损害调查提供政策依据。

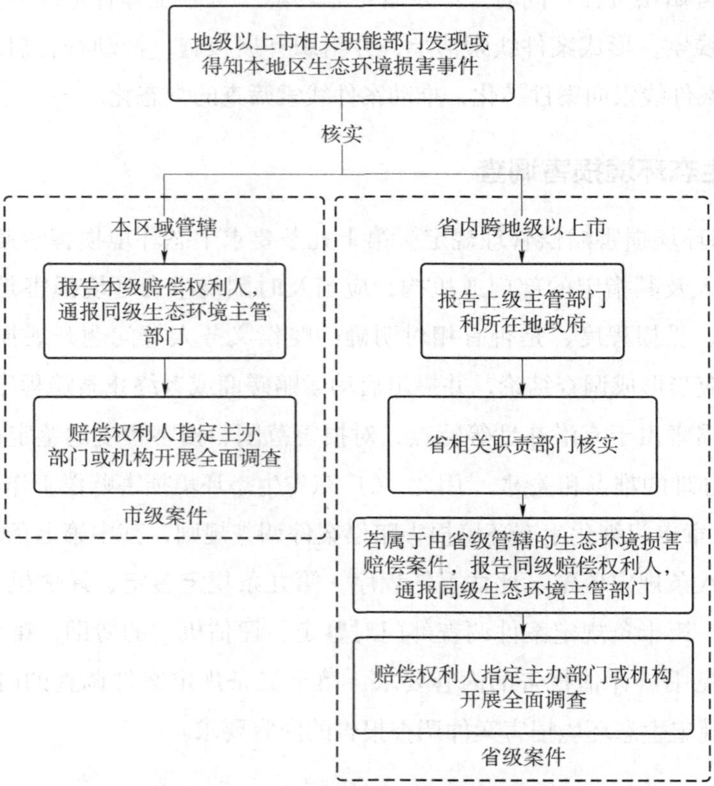

图 3-1　广东省生态环境损害赔偿案件调查部门的确定方式

（2）调查方式

环境损害司法鉴定可以对环境案件的污染事实、损害后果、因果关系甚至修复成本进行全面的评估鉴定，这些鉴定内容几乎涵盖环境案件所需进行法庭调查的全部核心事实。[①] 生态环境损害赔偿案件的损害调查同样离不开生态环境损害鉴定评估。为推动生态环境损害鉴定评估工作的科学化和规范化，2020 年至今，生态环境部会同有关部委发布了《生态环境损害鉴定评估技术指南 总纲和关键环节 第 1 部分：总纲》等 9 个“生态环境损害鉴定评估技术指南”系列内的生态环境损害鉴定评估技术标准，标准清单见表 3-4，为建立独立公正的生态环境损害评估制度提供了强有力的技术支撑。[②]

表 3-4 “生态环境损害鉴定评估技术指南”系列标准

标准号	标准名称
GB/T 39791.1—2020	《生态环境损害鉴定评估技术指南 总纲和关键环节 第 1 部分：总纲》
GB/T 39791.2—2020	《生态环境损害鉴定评估技术指南 总纲和关键环节 第 2 部分：损害调查》
GB/T 39792.1—2020	《生态环境损害鉴定评估技术指南 环境要素 第 1 部分：土壤和地下水》
GB/T 39792.2—2020	《生态环境损害鉴定评估技术指南 环境要素 第 2 部分：地表水和沉积物》
GB/T 39793.1—2020	《生态环境损害鉴定评估技术指南 基础方法 第 1 部分：大气污染虚拟治理成本法》
GB/T 39793.2—2020	《生态环境损害鉴定评估技术指南 基础方法 第 2 部分：水污染虚拟治理成本法》
GB/T 43871.1—2024	《生态环境损害鉴定评估技术指南 生态系统 第 1 部分：农田生态系统》
GB/T 39791.4—2024	《生态环境损害鉴定评估技术指南 总纲和关键环节 第 4 部分：土壤生态环境基线调查与确定》
GB/T 39791.3—2024	《生态环境损害鉴定评估技术指南 总纲和关键环节 第 3 部分：恢复效果评估》

① 田亦尧、张文河：《环境损害司法鉴定意见可采性研究》，北京：法律出版社，2022 年版，第 3 页。

② 吕忠梅：《生态环境损害赔偿诉讼理论分析与实务指南》，北京：法律出版社，2024 年版，第 172 页。

《广东省生态环境损害赔偿工作办法（试行）》第八条到第十一条落实《生态环境损害赔偿制度改革方案》关于“研究制定鉴定评估管理制度和工作程序”的要求，对鉴定评估的委托、开展、内容作出规定。其中第八条规定了开展鉴定评估的机构的资质要求和书面委托流程，开展鉴定评估的机构需具有司法鉴定资质或符合国家有关要求，即《生态环境损害赔偿管理规定》第二十条规定的“符合条件的环境损害司法鉴定机构或者生态环境、自然资源、住房和城乡建设、水利、农业农村、林业和草原等国务院相关主管部门推荐的机构”。第九条从制定工作方案、召开方案评审会保证鉴定评估工作的科学性。第十条规定，案件调查部门需为受其委托开展环境损害鉴定评估工作的鉴定评估机构提供帮助，从加强工作衔接方面推动环境损害鉴定评估工作的高效开展。第十一条对鉴定意见书或评估报告的内容作出规定，要求应当符合国家规范要求，而且鉴定评估机构应当对鉴定评估结论负责。

上述规定确立了规范委托、机构自律、互相配合的工作原则，为案件办理过程中加强广东省生态环境损害鉴定评估工作的管理提供了依据。值得注意的是，关于生态环境损害鉴定、评估工作方案，《广东省生态环境损害赔偿工作办法（试行）》规定需要符合国家、省现行技术规范以及协议约定的要求。而对于鉴定意见、鉴定评估报告的科学性，《广东省生态环境损害赔偿工作办法（试行）》则要求其应当符合国家规范要求，但是未对国家规范进行定义，难以指导办案部门对鉴定意见、鉴定评估报告提出质量把控要求。《中华人民共和国民法典》作为生态环境损害赔偿工作开展的主要法律依据，包含国家规定、国家标准等概念，而且最高人民法院民法典贯彻实施工作领导小组主编的《民法典侵权责任编理解与适用》对国家规定的定义为“包括法律法规规章、国家政策性规定及环境资源领域的国家标准”，足以涵盖规范鉴定意见、鉴定评估报告的文件所应当遵守的规范。因此，建议后续《广东省生态环境损害赔偿工作办法（试行）》修订时，将鉴定意见、鉴定评估报告需要符合的要求调整为国家规定。

（3）生态环境损害案件调查报告

生态环境损害案件调查报告是记载生态环境损害事实、赔偿义务人等生态环境损害赔偿索赔关键事实的报告，不仅体现了案件调查部门对案件生态环境损害事实和法律关系的全面概括，还包括了案件调查部门对赔偿义务人责任承担方式的建议，是后续磋商开展的重要支撑材料。《广东省生态环境损害赔偿工作办法（试行）》第十二条规定了生态环境损害案件调查报告出具的期限。第十三条规定了报告应当包含的内容，包括 4 项，分别是赔偿义务人，事件发生的时间、地点、起因、经过等，生态环境损害事实、程度和影响范围，调查结论和生态环境损害修复或赔偿建议；并要求生态环境损害案件调查报告需附有关证据材料及生态环境损害鉴定意见书或评估报告。

对于广东省多发的涉及多个赔偿义务人的生态环境损害事件，生态环境损害案件调查报告的重要价值是厘清案件发生的始末和法律关系，尤其是在生态环境损害鉴定意见书或评估报告确定的生态环境损害数额之下，分析各赔偿义务人是否存在共同侵权的故意，以及对损害结果的原因力，为后续磋商、诉讼划分责任提供依据。如河源市东源县四企业非法倾倒危险废物生态环境损害赔偿案件的生态环境损害调查报告记载了涉案危险废物的溯源调查结果和各赔偿义务人在案件中发挥的作用，是磋商中化解法律焦点问题的重要参考。

3.1.5　生态环境损害赔偿磋商

《广东省生态环境损害赔偿工作办法（试行）》第三章对磋商的定义、流程、生态环境损害赔偿协议的内容、司法确认、磋商不成的认定、磋商衔接等内容作出详细规定，为办案部门开展磋商提供指引。

（1）磋商的流程

《广东省生态环境损害赔偿工作办法（试行）》第十五条要求案件调查部门在完成案件调查报告后 30 日内组织编制生态环境损害赔偿磋商建议书，报请本级赔偿权利人审批，赔偿权利人在 30 日内确定是否开展赔偿磋商等有关工作，并可以指定案件调查部门会同有关部门或机构代表赔偿权利人实施，赔偿权利人同意开展磋商的，启动磋商，具体流程见图 3-2。相比于《生态环境损害赔偿管理规定》,《广东省生态环境损害赔偿工作办法（试行）》在磋商中增加了赔偿权利人审批的环节，由赔偿权利人决定是否启动磋商，体现了赔偿权利人对权利的处分。但同时，磋商建议书再次审批的要求使得案件办理的流程更加复杂，随着简单案件数量的增加，烦琐的报批程序困扰着办案部门，关于简化生态环境损害赔偿案件报批程序的呼声日益高涨。

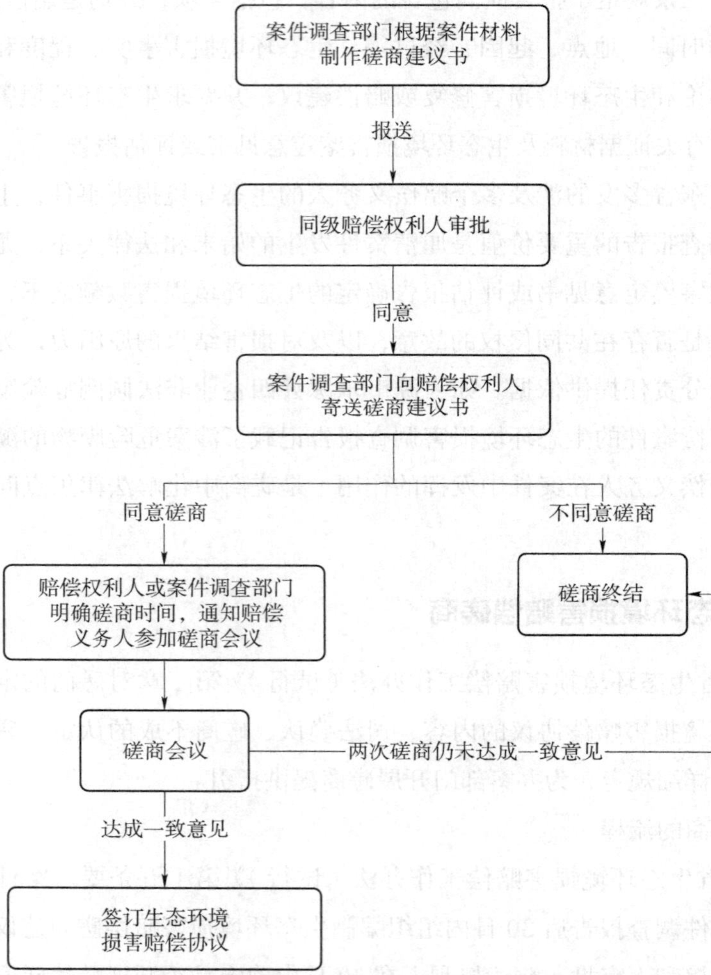

图 3–2　广东省生态环境损害赔偿磋商流程图

（2）磋商建议书的内容

《广东省生态环境损害赔偿工作办法（试行）》第十六条要求磋商建议书

应当包括以下内容："（一）拟开展磋商的时间、地点；（二）赔偿义务人名称（姓名）、住所地（地址）；（三）生态环境损害赔偿磋商的案由、主要事实及证据；（四）赔偿的范围；（五）赔偿责任的承担方式和期限，需要对被损害的生态环境进行修复的，还应当包括生态环境修复目标、修复期限等内容；（六）其他需要列明的事项。"前三项为生态环境损害磋商的背景事实，已在生态环境损害案件调查中查明，第四项和第五项为赔偿权利人或案件调查部门与赔偿义务人磋商的范围。赔偿的范围为《中华人民共和国民法典》第一千二百三十五条规定的费用，赔偿责任的承担方式为《中华人民共和国民法典》第一千二百三十四条规定的承担修复责任或者承担修复所需的费用。

（3）磋商会议

磋商会议是赔偿权利人或案件调查部门与赔偿义务人现场对赔偿范围、赔偿责任的承担方式和期限等内容进行沟通的会议，磋商会议的核心在于使赔偿义务人理解并同意其应当承担的责任，推动磋商达成一致。为了化解磋商中的法律和技术争议，《广东省生态环境损害赔偿工作办法（试行）》第十七条将磋商参与人员扩大至生态环境损害鉴定或者评估机构、人民调解组织或有关专家、律师等有关单位和人员，通过借助上述机构和人员的帮助，推动磋商焦点的化解。如河源市东源县四企业非法倾倒危险废物生态环境损害赔偿案件中，第一次磋商会议时赔偿义务人对倾倒危险废物的数量、应当承担的赔偿金额存在分歧而未能达成一致；对此，河源市生态环境局向案件调查和应急处置人员、东源县人民检察院办案人员和参与本案的鉴定评估机构专家了解案件办理细节，争取支持，并就焦点问题分别与法律顾问和河源市人民检察院进行讨论，立足《中华人民共和国民法典》等法律和相关司法解释，将影响责任分配的案件事实厘清，同时积极向赔偿义务人普法，鼓励积极担责，做通赔偿义务人思想工作，最终推动案件磋商成功，体现了磋商中的多方协作。

（4）生态环境损害赔偿协议

生态环境损害赔偿协议是固定磋商成果的文书，是赔偿权利人或者案件调查部门与赔偿义务人磋商达成一致的证明，也是赔偿义务人承担修复或赔偿金支付责任的依据。《广东省生态环境损害赔偿工作办法（试行）》第十八条规定生态环境损害赔偿协议应当包括以下内容："（一）协议双方当事人名称（姓名）、法定代表人、住所地（地址）；（二）生态环境损害事实及相关依据；（三）协议双方当事人对鉴定意见、评估报告、专家意见、有关修复要求的意见；（四）履行生态环境损害赔偿责任的范围、方式及期限；（五）生态环境修复工程启动时间、修复期限和监督方式；（六）生态环境修复及治理效果的评估方式；（七）清除污染费用、生态环境修复费用、生态环境修复期间服务功能的损失赔偿、生态环境功能永久性损害造成的损失赔偿以及生态环境损害赔偿调查、鉴定、评估、代理、第三方监理、修复后效果评估等费用的支付；（八）违约责任；（九）其他事项。"

为确保生态环境损害赔偿协议的履行，《广东省生态环境损害赔偿工作办法（试行）》立足国家规定，在第十九条规定司法确认，衔接《最高人民法院关于审理生态环境损害赔偿案件的若干规定（试行）》，通过司法确认使生态环境损害赔偿协议获得被强制执行的效力。关于生态环境损害赔偿协议的司法确认审查，《最高人民法院关于审理生态环境损害赔偿案件的若干规定（试行）》第二十条规定："协议的内容不违反法律法规强制性规定且不损害国家利益、社会公共利益的，裁定确认协议有效。"该条规定了对生态环境损害赔偿协议内容的合法性审查，该条同时规定"裁定书应当写明案件的基本事实和协议内容"。因此，生态环境损害赔偿协议记载的案件基本事实的真实性也是司法确认审查的内容之一。

3.1.6 生态环境损害赔偿诉讼

在磋商未达成一致的情况下，生态环境损害赔偿诉讼为赔偿权利人请求赔偿义务人承担赔偿责任提供了法律途径。《广东省生态环境损害赔偿工作办法（试行）》第二十二条规定："磋商终结或者赔偿义务人不履行或不完全履行磋商协议的，赔偿权利人或案件调查部门应当及时向有管辖权的人民法院提起生态环境损害赔偿民事诉讼。"

广东省尚未出台专门的生态环境损害赔偿诉讼规则，诉讼实践主要以

《中华人民共和国民法典》《最高人民法院关于审理生态环境损害赔偿案件的若干规定（试行）》等法律和司法解释为审判的依据。广东省宣传的两批生态环境损害赔偿典型案例中，共有三宗案件涉及生态环境损害赔偿诉讼，分别是广州市某药业有限公司非法倾倒固体废物生态环境损害赔偿诉讼案，广州市林某、李某非法堆积固体废物生态环境损害赔偿案，云浮市李某非法倾倒固体废物生态环境损害赔偿案。前两宗生态环境损害赔偿诉讼案件的原告均为广州市生态环境局，审理法院是广州市中级人民法院，后一宗案件的原告为云浮市生态环境局，审理法院为云浮市中级人民法院，符合《最高人民法院关于审理生态环境损害赔偿案件的若干规定（试行）》第一条规定的“省级、市地级人民政府及其指定的相关部门、机构……可以作为原告提起生态环境损害赔偿诉讼……”和第三条“第一审生态环境损害赔偿诉讼案件由生态环境损害行为实施地、损害结果发生地或者被告住所地的中级以上人民法院管辖。”值得注意的是，广州市某药业有限公司非法倾倒固体废物生态环境损害赔偿诉讼案是广东省首宗在生态环境损害赔偿诉讼中适用惩罚性赔偿的案件，广州市中级人民法院“综合被告的过错程度，污染物种类、破坏生态的方式、范围，侵权行为所造成的后果，案件的社会影响等因素”，支持原告关于惩罚性赔偿的诉讼请求。

3.1.7　生态环境损害修复

使受损的生态环境修复到位是生态环境损害赔偿制度的出发点和落脚点，也是检验案件办理成效的重要指标。《广东省生态环境损害赔偿工作办法（试行）》第四章专章规定生态环境损害修复监督管理，以实现修复目标为核心构建修复的监管体系，流程见图 3-3。

（1）编制和报送生态环境损害修复实施方案

对于需要修复的案件，《广东省生态环境损害赔偿工作办法（试行）》在第十三条要求调查报告应包括生态环境修复目标、修复启动时间与期限、修复方式等内容；在第十六条关于磋商建议书的内容中要求包括生态环境修复目标、修复期限等内容；在第十八条要求生态环境损害赔偿协议应当包括生态环境修复工程启动时间、修复期限和监督方式，生态环境修复及治理效果的评估方式；从案件调查到磋商阶段，根据生态环境损害情况确定修复的目标和方式、要求，并且经赔偿权利人审查，由此保障修复的科学性和合法性。

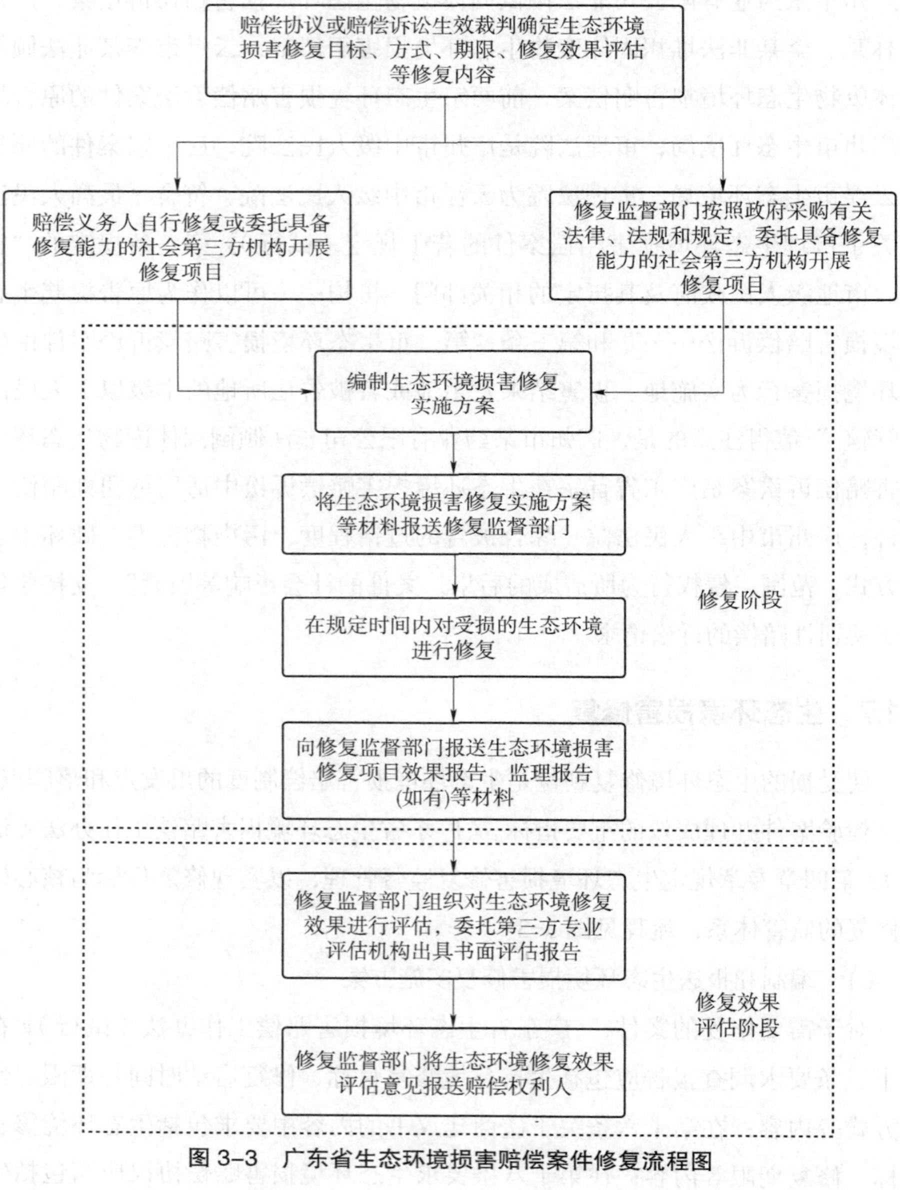

图 3–3　广东省生态环境损害赔偿案件修复流程图

生态环境损害修复实施方案是开展生态环境损害修复项目的依据，其质量决定着修复的效果。无论是赔偿义务人自行开展修复，还是赔偿义务人或者修复监督部门委托第三方开展修复，都需要在生态环境损害赔偿协议或者赔偿诉讼生效裁判确定的修复效果、方式、期限、修复评估方式下编制生态环境损害修复实施方案并报送修复监督部门，由修复监督部门做好监督管理工作。

（2）完成修复项目

对于修复项目的开展和完成，《广东省生态环境损害赔偿工作办法（试行）》要求“在规定时间内对受损的生态环境进行修复”，并要求“向修复监督部门报送生态环境损害修复项目效果报告等材料”和监理报告（如有），即以修复项目实施的效果是否达到修复目标为标杆衡量修复项目的实施情况，并未要求严格落实生态环境损害修复实施方案，给予开展修复的责任主体灵活调整的空间。

（3）开展修复效果评估

修复效果评估是通过相关资料分析、现场勘探、布点采样与实验室检测、确定评价标准等，评估受损生态环境修复是否达到预期目标和规定要求。[①]《广东省生态环境损害赔偿工作办法（试行）》第二十六条和第二十七条均要求修复监督部门组织对修复项目的生态环境修复效果进行评估，委托第三方专业评估机构出具书面评估报告，第二十八条要求生态环境损害修复评估报告应当采取组织专家论证等方式，第二十九条规定经评估未达到修复效果的继续修复、重新评估的要求，以此确保修复项目的实施能达到修复目标，推动受损的生态环境修复到位。

（4）修复衔接

生态环境损害修复的监督管理技术性较强，与生态环境行政监管密不可分。对于人民法院依法判决被告承担修复责任的生态环境损害赔偿诉讼案件，

① 史会剑：《生态环境损害赔偿制度理论与实践研究》，北京：中国环境出版集团，2020 年版，第 158 页。

生效裁判文书的执行监管离不开人民法院和修复监督部门的密切配合。《广东省生态环境损害赔偿工作办法（试行）》第三十条要求“对根据赔偿诉讼生效裁判或经司法确认的赔偿协议要求开展生态环境损害修复的，修复监督部门应及时将经赔偿权利人同意的生态环境修复效果评估意见，报送作出裁判的人民法院”，保障人民法院对修复项目实施情况的知情和监督；第三十八条确定了生态环境损害修复案件由人民法院及时移送“地级以上市政府及其指定的相关部门或机构组织实施”的原则。

为进一步推动诉讼修复衔接，2024 年 8 月，广东省高级人民法院联合广东省检察院、财政厅、自然资源厅、生态环境厅、住建厅、水利厅、农业农村厅和林业局等 8 家单位发布《广东省生态环境损害修复移送政府部门监管办法（试行）》，首次在省级层面对生态环境修复监管案件的移送规则、监管主体和职责、修复评估验收等作出明确规定。[①] 生态环境损害赔偿诉讼案件是《广东省生态环境损害修复移送政府部门监管办法（试行）》列入的“四类”移送监管案件类型之一，要求人民法院在作出生态环境损害修复案件判决后，统一由当地中级人民法院 30 日内出具移送告知书，连同生效法律文书移送至生态环境损害结果发生地的修复监管部门，并抄送至同级检察院。对于首次接受移送的部门认为修复监管不属于其法定职责的，应回复书面意见和建议，由移送法院会同检察院、首次接受移送及建议移送的修复监管部门共同协商确定接受部门。接受移送的修复监管部门在完成修复效果评估后，应当在 30 日内将修复结果书面答复移送的法院和提起诉讼的检察机关，并由检察机关负责全过程检察监督，由此形成生态环境损害修复案件修复监管的闭环，具体流程见图 3-4。

① 《广东 9 单位联合发布〈广东省生态环境损害修复移送政府部门监管办法（试行）〉》，广东省人民政府网，2024 年 8 月 16 日，https://www.gd.gov.cn/gdywdt/zfjg/content/post_4478595.html。

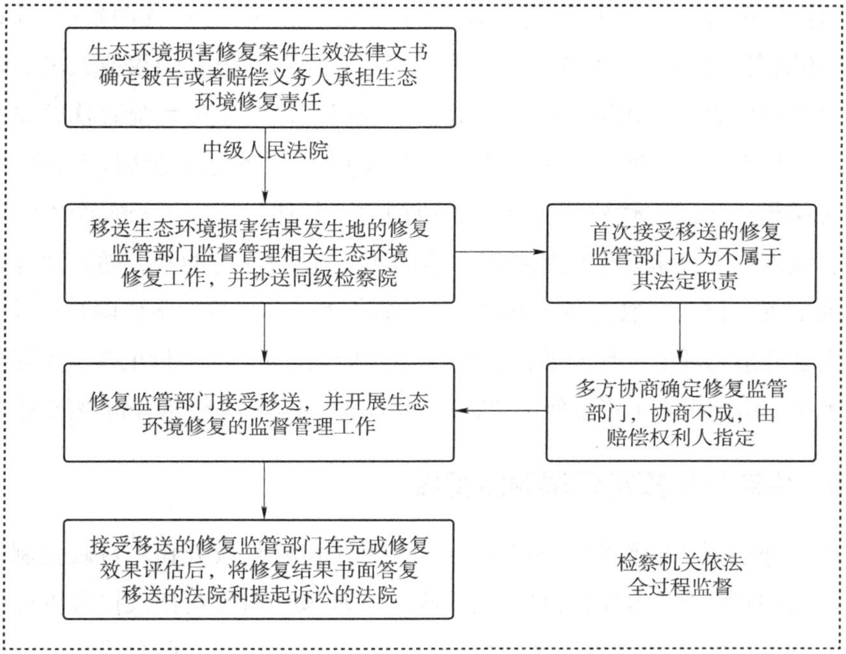

图 3-4　广东省生态环境损害修复移送政府部门监管流程图

3.1.8　生态环境损害赔偿资金管理

生态环境损害赔偿资金伴随生态环境损害赔偿制度的建立而产生。[①] 根据《广东省生态环境损害赔偿工作办法（试行）》，生态环境损害赔偿资金既包括"生态环境损害调查、磋商及修复过程中由赔偿权利人及其指定的部门或机构先行垫付的生态环境损害赔偿调查、鉴定、评估、修复效果评估等相关费用"[②]，也包括"赔偿义务人造成的生态环境损害无法修复的，或因不可抗力等导致赔偿义务人修复无法完成的，赔偿义务人应按照磋商达成的赔偿协议或人民法院生效判决确定的金额，或未完成修复部分的评估金额，缴纳的生态环境损害赔偿资金。"[③]

---

① 《生态环境损害赔偿资金如何管？怎么用？》，2024 年 3 月 5 日《中国环境报》。

② 《广东省生态环境损害赔偿工作办法（试行）》第三十七条。

③ 《广东省生态环境损害赔偿工作办法（试行）》第三十三条。

目前广东省的生态环境损害赔偿资金管理严格遵循“收支两条线”原则，“生态环境损害赔偿资金作为政府非税收入，应当按照赔偿协议或人民法院生效判决确定的金额，由赔偿义务人凭执收部门提供的非税系统缴款通知书上缴国库，纳入预算管理。”[①] 在资金收缴层级方面，“省内跨地级以上市生态环境损害结果产生的赔偿资金，缴入省级国库；其他生态环境损害产生的赔偿资金，缴入损害结果发生地地级以上市国库。”值得注意的是，随着案件办理重心的下沉，目前多数生态环境损害赔偿案件的应急处置、案件调查、磋商工作多由县区生态环境分局开展，生态环境损害赔偿资金的垫付也多由实际办案部门承担，由此带来了资金使用和管理的错位，将在后文着重分析该问题。

3.1.9 生态环境损害赔偿制度衔接

生态环境损害赔偿制度的创设主要是为了应对行政处罚、行政强制、环境民事公益诉讼等现有制度对修复受损生态环境、追究责任人损害责任的不足，推动受损生态环境得到及时修复，破解“企业污染，群众受害，政府买单”的困境。生态环境损害赔偿制度自创设以来，就与现有的环境行政管理制度、环境司法制度联系紧密，在案例实践中更是互相衔接，形成了保护生态环境的合力。广东省将案例实践的经验上升至制度层面，在生态环境损害赔偿制度衔接方面探索了“广东实践”。

资源与环境行政处罚案件是生态环境损害赔偿案件线索重要来源渠道之一。《关于深入推进生态环境损害赔偿制度改革若干具体问题的意见》要求“各地应当建立健全生态环境损害赔偿与行政执法衔接机制”。为推进涉生态环境损害的资源与环境行政处罚案件的高效索赔追偿，提高违法成本，广东省生态环境厅于2023年印发《关于建立健全生态环境部门生态环境损害赔偿制度改革与行政执法联动机制的通知》，探索建立生态环境部门生态环境损害赔偿制度改革与行政执法联动机制（以下简称“衔接机制”）。衔接机制包括3个工作任务：一是建立健全“一案双查”工作机制，要求立足“一案双查”

① 《广东省生态环境损害赔偿工作办法（试行）》第三十四条。

要求，提出办理生态环境行政处罚案件和涉嫌环境污染犯罪案件的立案、调查、审查等过程中，发现涉案行为违反国家规定造成生态环境损害的，需要同步追究违法行为人生态环境行政与刑事法律责任和生态环境损害赔偿责任。二是加强案件线索搜集和调查，要求发现符合上述情况的案件线索时，填写《生态环境损害现场调查表》和固定证据，为后续开展生态环境损害调查打下良好基础。三是高效适用行政处罚自由裁量权，鼓励将积极履行生态环境损害赔偿责任作为从轻或减轻处罚的情形。

3.1.10　环境损害司法鉴定能力建设和规范化管理

环境损害司法鉴定是司法鉴定四大执业类别之一，推进环境损害司法鉴定能力建设和规范化管理是推动生态环境损害赔偿工作的重要一环。为加强司法鉴定管理，规范司法鉴定活动，提高司法鉴定质量和公信力，广东省人大常委会于 2022 年通过了《广东省司法鉴定管理条例》。《广东省司法鉴定管理条例》包含 71 条内容，详细规定司法鉴定机构设立、管理、业务开展等内容，并设置罚则。

为加强和规范广东省司法鉴定机构和司法鉴定人的登记管理，广东省司法厅于 2023 年 12 月出台《广东省司法厅司法鉴定机构和司法鉴定人登记管理细则》，在《广东省司法鉴定管理条例》等的基础上，进一步细化司法鉴定机构等级的材料要求，将司法鉴定机构和鉴定人的审核登记、日常监督、名册编制和名册公告等登记管理工作纳入监管。

3.2　地方案例与管理实践情况

生态环境损害赔偿的改革实效体现在案例实践中。截至 2024 年 12 月，广东省累计办理生态环境损害赔偿案件 983 宗，累计生态环境损害赔偿金额超 21 亿元，21 个地级以上市均实现案件覆盖，而且案例实践已实现自然资源、生态环境、住房和城乡建设、水利、农业农村、林业 6 个领域全覆盖，有效践行了“环境有价，损害担责”理念。

3.2.1 案件线索筛查实践

案件线索筛查是生态环境损害赔偿常态化的重要工作之一。2020 年至 2024 年，广东省采取自下而上和自上而下相结合的方式，通过《生态环境损害赔偿管理规定》规定的 10 个途径，筛查 5 批共 2 600 余条生态环境损害赔偿案件线索交各地级以上市核查。在地区分布方面，该 5 批 2 600 余条线索中，珠三角地区案件线索占比为 67.47%，东莞市案件线索数量排名第一，与东莞市生态环境损害赔偿案件数量在广东省全省排名第一的情况相匹配。在启动情况方面，5 批生态环境损害赔偿案件线索中，14.89% 的线索因符合启动生态环境损害赔偿索赔条件而转化为案件。

案件线索筛查工作按照《生态环境损害赔偿管理规定》要求，由各地级以上市作为本地区的牵头部门，通知县区生态环境分局以及具有生态环境损害赔偿案件办理职责的部门筛查报送案件线索，广东省生态环境厅同步开展线索筛查。筛查的案件线索形成清单，报送生态环境部，并以生态环境损害案例报送系统为载体，再下发各地级以上市办理。各地级以上市在每年度 12 月 31 日前在生态环境损害案例报送系统填报案件线索的核查情况，对于未启动索赔程序的案件线索，需要说明原因并提供佐证材料。

案件线索未启动索赔的原因除了《生态环境损害赔偿管理规定》第十八条规定的 6 种情形外，还有已提起环境民事公益诉讼或刑事附带民事公益诉讼。在案件线索筛查实践中，《生态环境损害赔偿管理规定》第十八条第三款“环境污染或者生态破坏行为造成的生态环境损害显著轻微，且不需要赔偿的”是常见的案件线索未启动索赔的理由，但是由于生态环境损害显著轻微的认定标准存在主观性，实践中办理部门容易在个案中简单适用该情形不启动索赔程序，导致应当启动索赔程序的案件线索未能启动索赔，也导致同一地区案件启动索赔的标准存在不一致。为回应实践中地方的疑惑，《关于深入推进生态环境损害赔偿制度改革若干具体问题的意见》从损害数额极小或者生态环境损害行为并未造成明显影响两方面，为显著轻微案件的判定提供了原则性、方向性的指导，但留待省级赔偿权利人及其指定的部门或机构根据地方和领域实际细化相关指标，便于实践中适用。

3.2.2　生态环境损害鉴定评估实践

截至 2024 年 12 月，广东省共有 10 家环境损害司法鉴定机构，其中 4 家位于广州市，分别是广东省环境科学研究院环境损害司法鉴定中心、广州市环境保护科学研究院环境损害司法鉴定中心、华南动物物种环境损害司法鉴定中心、华南环境损害司法鉴定中心；3 家位于深圳市，分别是深圳市环境科学研究院环境损害司法鉴定所、广东华测司法鉴定中心、广东鹏海司法鉴定所；1 家位于东莞市，为广东东江检测司法鉴定所；1 家位于中山市，为中山公用环境损害司法鉴定所；1 家位于佛山市，为广东通济司法鉴定中心。已印发的三批《生态环境损害鉴定评估推荐机构名录》中，共有两家环境损害司法鉴定机构位于广东省，分别是广东省环境科学研究院、环境保护部华南环境科学研究所（现生态环境部华南环境科学研究所）。

上述机构通过开展生态环境损害鉴定评估实践，为生态环境损害定损追责实践提供了重要的证据支撑。以广东省环境科学研究院为例，其是《环境损害鉴定评估推荐机构名录（第一批）》中的机构，也是广东省首家环境损害司法鉴定机构。截至 2024 年 12 月，广东省环境科学研究院共完成鉴定评估案例 400 余宗，其中东莞市陈某江等人非法偷排电镀废水环境公益诉讼案入选 2019 年度十大检察公益诉讼典型案例，中山市某铜业有限公司违法排放废水生态环境损害赔偿案入选生态环境部第三批生态环境损害赔偿磋商十大典型案例。

3.2.3　生态环境损害赔偿磋商实践

广东省截至 2024 年 12 月已开展的 983 宗生态环境损害赔偿案件中，共有 527 宗案件磋商成功并签订赔偿协议，广东省积累了丰富的磋商实践。磋商成功的 527 宗案件中，92.22% 的案件由生态环境部门办理，77.99% 的案件分布在珠三角地区，与广东省案件集中在珠三角地区且主要由生态环境主管部门办理的特征相符。广东省先后有两宗案件入选生态环境损害赔偿磋商十大典型案例，分别是深圳某企业电镀液渗漏生态环境损害赔偿案、中山市某铜业有限公司违法排放废水生态环境损害赔偿案。

深圳某企业电镀液渗漏生态环境损害赔偿案中，深圳市生态环境局与赔偿义务人涉案企业磋商成功并签订赔偿协议，推动赔偿义务人对污染地块进行自行修复，并承担本案生态环境损害调查和鉴定评估等相关费用；同时加强排查和整改，确保废水得到有效收集和达标排放，[①] 有力推动受损生态环境的修复并提升违法成本。

中山市某铜业有限公司违法排放废水生态环境损害赔偿案中，中山市生态环境局联合检察机关、律师、当地镇政府，与赔偿义务人进行了两轮正式磋商，基于该公司长时间恶意损害环境的行为，在磋商时向赔偿义务人主张惩罚性赔偿。中山市生态环境局有理有据列举损害事实和赔偿责任，最终达成一致意见。赔偿义务人承担造成的生态环境损害赔偿 126.87 万元和惩罚性赔偿 235.74 万元，共 362.61 万元。双方于 2022 年 8 月签订生态环境损害赔偿协议。[②]

除了上述两宗案件以外，广东省还在案件办理过程中积累了丰富的磋商经验，并对磋商制度予以完善。东莞市是广东省的典型代表，东莞市在 2020—2021 年共磋商成功 5 宗案件，其中 3 宗案件的环境损害数额超过 100 万元。通过磋商实践的积累，东莞市生态环境局于 2021 年印发《东莞市生态环境损害赔偿磋商管理办法（试行）》，该文件创新性地规定了环境公益的不可磋商性，其规定“磋商中，工作部门不得对列入生态环境损害赔偿范围包括清除污染的费用、生态环境修复费用、生态环境修复期间服务功能的损失、生态环境功能永久性损害造成的损失以及生态环境损害赔偿调查、鉴定评估、生态环境损害修复后评估等合理费用进行处分和让渡。确需处分和让渡的，应当就处分和让渡情况进行公告，并报请赔偿权利人同意。”

---

① 生态环境部网站，《关于印发生态环境损害赔偿磋商十大典型案例的通知》，https://www.mee.gov.cn/xxgk2018/xxgk/xxgk06/202005/t20200506_777835.html。

② 生态环境部网站，《生态环境部公布第三批生态环境损害赔偿磋商十大典型案例》，https://www.mee.gov.cn/ywgz/fgbz/sthjshpczd/202310/t20231013_1043094.shtml。

3.2.4　生态环境损害赔偿诉讼实践

截至 2024 年 12 月，广东省已有 140 余宗案件因磋商未达成一致而进入生态环境损害赔偿诉讼，占同期全国生态环境损害赔偿诉讼案件数量的近四分之一。[①]140 余宗生态环境损害赔偿诉讼案件中，仅 1 宗案件因赔偿义务人未履行赔偿协议而提起诉讼，其余案件均因磋商未达成一致而提起诉讼；案件诉讼焦点集中于原告资格、生态环境损害数额的确定、案件费用的合理性、责任的分配等；已在生态环境损害赔偿改革进展报送系统上传判决书的 47 宗案件中，20 宗案件的判决结果为法院支持原告全部诉讼请求，其余案件的诉讼主张未完全被支持的原因包括法院未全部认可原告关于因果关系判定、责任分配的主张等。广东省丰富的生态环境损害赔偿诉讼实践为研究生态环境损害赔偿诉讼实务提供了样本。广东省在 2022 年和 2023 年宣传的两批生态环境损害赔偿典型案例中，共有 3 宗案件因磋商未达成一致，办案部门提起生态环境损害赔偿诉讼，具体案件情况见表 3-5。本小节将基于这 3 宗案件对广东省生态环境损害赔偿诉讼实践情况进行分析。

表 3-5　广东省生态环境损害赔偿诉讼典型案例情况

序号	案件名称	诉讼请求	案件焦点	法条援引	裁判结果
1	广州市某药业有限公司非法倾倒固体废物生态环境损害赔偿案	①被告清运处置涉现场污染物或支付清运处置费用，组织修复受损土壤或支付修复费用；②被告承担事务性费用；③被告承担环境侵权惩罚性赔偿；④被告在省级以上电视台或全省发行的报纸上公开赔礼道歉；⑤被告承担全部诉讼费用。	被告未出席庭审，无案件焦点。	《最高人民法院关于审理生态环境损害赔偿案件的若干规定（试行）》《中华人民共和国民法典》	支持原告全部诉讼请求

① 根据生态环境部在 2024 年 10 月举办的全面推进美丽中国建设——律师生态环境法律能力提升培训班上公布的数据，全国已办结的 2.16 万件案件中，通过诉讼途径办结的案件 428 宗，平均办案周期为 24 个月。

续表

序号	案件名称	诉讼请求	案件焦点	法条援引	裁判结果
2	广州市林某、李某非法堆积固体废物生态环境损害赔偿案	①两被告连带承担生态环境恢复工程（即固体废物清理处置）费用；②两被告连带承担事务性费用；③两被告在省级以上电视台或全省发行的报纸上公开赔礼道歉；④两被告连带承担全部诉讼费。	①鉴定评估报告的可采性；②原告主张费用的计算。	《最高人民法院关于审理生态环境损害赔偿案件的若干规定（试行）》《中华人民共和国民法典》	支持原告全部诉讼请求
3	云浮市李某违法堆放固体废物生态环境损害赔偿案	①被告对涉案污染地块进行修复，修复范围和修复要求按《损失价值测算报告》和《环境损害评估报告》要求，包括清理污染物、客土回填、平整压实、环保砖厂处理等修复内容，修复所需费用及修复效果评估费用，否则支付生态损害赔偿金；②本案诉讼费用全部由被告承担。	①是否应当追加9名被告；②被告是否为本案生态环境损害赔偿的义务主体；③被告对被破坏的生态环境应承担的侵权责任。	《最高人民法院关于适用〈中华人民共和国民法典〉时间效力的若干规定》《中华人民共和国侵权责任法》《最高人民法院关于审理环境侵权责任纠纷案件适用法律若干问题的解释》《最高人民法院关于审理生态环境损害赔偿案件的若干规定（试行）》	支持原告全部诉讼请求

（1）案件类型

3宗生态环境损害赔偿诉讼典型案例均为违法处置固体废物类案件，该类案件由于作案具有隐秘性，而且违法链条较长，赔偿义务人的确定难度较大。另外，由于违法处置固体废物类案件涉及固体废物清运处置、土壤和地下水修复等修复措施，加之需要对固体废物的属性进行鉴别、对受污染的土壤进行采样检测与损害评估，无论是修复费用还是事务性费用都较高。赔偿义务人容易因为较高的生态环境数额而拒绝承担生态环境损害赔偿责任，导致磋商失败。

（2）诉讼请求

《最高人民法院关于审理生态环境损害赔偿案件的若干规定（试行）》规定："受损生态环境能够修复的，人民法院应当依法判决被告承担修复责任，并同时确定被告不履行修复义务时应承担的生态环境修复费用。"但是对照上述 3 宗诉讼案例可以发现，仅案例 3 的原告请求被告承担修复责任，案例 1 和案例 2 的原告均以承担生态环境修复费用的形式请求被告承担生态环境损害赔偿责任。相对于金钱支付，修复责任的诉讼执行难度较大，需要有科学可行的修复计划以及严密的修复监督管理。另外，在案例 2 等类似案件中，基层人民政府（如镇政府）为降低环境风险、维护地方生态环境安全，在生态环境损害事件发生后即采取应急处置等措施，经应急处置，生态环境风险得到有效控制，并通过环境损害鉴定评估明确应急处置后的环境现状，若已经恢复至《生态环境损害赔偿管理规定》要求的"生态环境受损前的基线水平或者生态环境风险可接受水平"，则无须开展修复，赔偿义务人仅需要承担支付生态环境修复费用的责任。

（3）适用法律

3 宗案例由于判决的时间存在差异，在法律适用上稍有不同。案例 1 和案例 2 均引用《最高人民法院关于审理生态环境损害赔偿案件的若干规定（试行）》《中华人民共和国民法典》，案例 3 由于法律事实发生在《中华人民共和国民法典》施行前，法院根据《最高人民法院关于适用〈中华人民共和国民法典〉时间效力的若干规定》，适用民事纠纷发生时的法律和司法解释，即《中华人民共和国侵权责任法》《最高人民法院关于审理环境侵权责任纠纷案件适用法律若干问题的解释》《最高人民法院关于审理生态环境损害赔偿案件的若干规定（试行）》。

（4）案件焦点及判决情况

案例 1 由于被告未出席庭审，案件无争议焦点。案例 2 的案件焦点为生态环境损害数额的计算及支撑该数额的证据——环境损害鉴定评估报告的可采性，表明赔偿义务人对其应当承担的责任总额存在异议。法院综合鉴定评估机构的资质、鉴定评估报告内容，采纳环境损害鉴定评估报告，并支持原告全部诉讼请求。

案例3的案件焦点为被告是否为适格被告、是否需要追加被告以及被告承担的侵权责任。法院基于刑事附带民事公益诉讼判决书，认为童某等9人对涉案地块造成的污染已在刑事附带民事公益诉讼中被判决赔偿，认为不再对该9人追偿，并认定被告实施的污染环境行为与生态环境损害之间具有直接关联性，支持原告全部诉讼请求。

3.2.5 生态环境损害修复实践

广东省在办理生态环境损害赔偿案件过程中积累了丰富的修复实践，赔偿义务人直接修复、赔偿义务人委托第三方修复、政府组织开展修复、替代修复4种主要的修复方式均在实践中有所应用。履责方式为直接修复的案件中，51.43%的案件由赔偿义务人直接开展修复，48.57%的案件由监管部门或者赔偿义务人委托第三方修复。在替代修复方面，广州市生态环境局与华南植物园共建生态环境损害赔偿与生态修复科普示范基地，深圳市、惠州市等探索购买碳普惠核证减排量开展替代修复，多样化的替代修复方式为提升修复示范效应提供了参考。

（1）赔偿义务人直接修复

东莞市某集团股份有限公司违法处置固体废物生态环境损害赔偿案是赔偿义务人直接修复的典型案例之一。该案中，涉案公司根据鉴定评估报告和东莞市生态环境局要求编制了《涉案地块生态环境恢复实施方案》，并根据方案开展涉案固体废物清运和受损生态环境修复工作，东莞市生态环境局莞城分局全过程监督清运和修复工作。

（2）政府组织开展修复

中山市梁某非法处置危险废物生态环境损害赔偿案中，中山市生态环境局监督相关单位根据鉴定报告制定的修复方案实行修复措施，由赔偿义务人承担全部生态环境损害赔偿责任费用。

（3）替代修复

替代修复是近年来生态环境损害赔偿制度推行中被大力鼓励的修复方式。

根据《生态环境损害赔偿管理规定》，替代修复针对的是受损生态环境无法开展修复的情形，替代修复需要符合有关生态环境修复法规政策和规划，并以实现生态环境及其服务功能等量恢复为目标。经过多年的实践，广东省探索了多样化的替代修复方式，包括补植复绿、增殖放流、劳务代偿、购买经核证的碳普惠减排量、种植珊瑚礁等，有效提升案件办理的生态效益。2024 年 8 月，广东省高级人民法院发布《广东法院司法保障生态环境修复典型案例》，典型案例涵盖种植珊瑚替代修复、劳务代偿等多种替代修复方式，展现了广东省多样化的修复实践。①

①补植复绿。

补植复绿是指通过异地种植花草、树木等植物，尤其是在警示林、替代修复基地等特设的生态环境损害赔偿集中修复场所种植植物，形成对生态环境的“增益”，从而弥补损害行为对生态环境造成的损害。补植复绿是实践中应用较为广泛的替代修复方式，较适用于违法排放大气污染物类生态环境损害赔偿案件的替代修复。广州市某企业违法排放大气污染物生态环境损害赔偿案中，因客观条件限制，无法在原地修复，以异地替代修复方式投入 6 万余元在华南植物园内进行补植复绿。广州市生态环境局以此案为契机，与华南植物园共建生态环境损害赔偿与生态修复科普示范基地，有效宣传“环境有价，损害担责”的理念。

②增殖放流。

增殖放流的修复原理与补植复绿一致，只是将种植植物替换为放养鱼苗等水生生物，较适用于违法捕捞、违法排放水污染物类案件的替代修复。广州市郭某等人利用电鱼工具违法捕捞生态环境损害赔偿案中，在农业农村部门监督及其他参加人员的共同见证下，赔偿义务人郭某等人将从具资质种苗生产单位购买的近 10 万尾草鱼、鲫鱼、鲮鱼等当地土著鱼类鱼苗投放进西福河水域，完成替代修复工作，是增殖放流实践的典型代表。值得注意的是，无论是种植植物还是放养水生生物，都需要满足“符合有关生态环境修复法

---

① 广东法院网:《广东法院司法保障生态环境修复典型案例》，https://www.gdcourts.gov.cn/gsxx/quanweifabu/anlihuicui/content/post_1842769.html。

规政策和规划”的要求，即不能种植、放养外来入侵物种，避免对引入地生态环境安全造成威胁。

③种植珊瑚礁。

深圳市某生物工程有限公司倾倒化工品造成土洋河水体污染生态环境损害赔偿案是深圳市首例探索及开展替代修复并完成修复效果评估的案件。本案采取在大鹏湾海域种植珊瑚的替代修复方式，需要保证种植珊瑚 1 000 株并保证成活率在 75% 以上，修复过程中由龙岗区人民法院、龙岗区人民检察院、大鹏管理局、自然资源部第三海洋研究所联合进行修复监督、评估。

④购买经核证的碳普惠减排量。

通过购买经核证的碳普惠减排量开展替代修复简称为“认购碳汇”，是有机结合生态环境损害赔偿与“双碳”工作的创新替代修复方式。深圳市罗湖区某非道路移动机械违法排放大气污染物生态环境损害赔偿案是广东省第一宗“认购碳汇”的案例。该案磋商会议邀请深圳排放权交易所等单位列席，经磋商，深圳市生态环境局与某建筑劳务公司达成一致并签订赔偿协议，约定赔偿义务人将损害赔偿金全额通过深圳碳排放现货交易系统购买碳普惠核证减排量，并予以注销进行替代修复。该案为“认购碳汇”树立了榜样，中山市、惠州市等相继探索有关实践。

3.2.6 生态环境损害赔偿督察与考核实践

《生态环境损害赔偿管理规定》要求建立“严考核、硬约束的工作机制”，并明确“生态环境损害赔偿工作纳入污染防治攻坚战成效考核以及环境保护相关考核”。生态环境损害赔偿制度落实情况连续五年（2020 年至 2024 年）被纳入广东省环境保护责任暨深入打好污染防治攻坚战成效考核，从案件线索筛查情况、案件线索启动情况、案件办结率等实践情况对 21 个地级以上市的生态环境损害赔偿工作情况进行考核。除了省级考核，广州市、惠州市、中山市等亦开展市级环境保护目标责任考核或污染防治攻坚战考核，将落实生态环境损害赔偿制度的情况纳入对各区县的考核中，建立起“严考核、硬约束”的机制。

第4章 典型地市生态环境损害赔偿制度改革工作实施情况

生态环境损害赔偿制度改革以来，广东省在省级层面陆续印发《生态环境损害赔偿制度改革实施方案》等系列制度文件，并指导各地市建立科学、规范、有效的生态环境损害赔偿制度，其中广州市、中山市、深圳市、佛山市、东莞市及茂名市等的制度建设成果较为丰硕，亮点纷呈，主要包含改革实施方案、衔接机制、简易案件办理程序、相关工作指引与技术指南等。本章从现有制度建设成果角度出发，系统评述以上6市生态环境损害赔偿制度建设的典型做法和案例实践情况。

4.1 广州市

4.1.1 制度建设情况

广州市主要制度成果如下：《广州市生态环境损害赔偿制度改革实施方案》（2020年）、《广州市生态环境局推进生态环境损害赔偿常态化制度化工作方案》（2021年）、《关于加强生态环境损害赔偿与检察公益诉讼衔接机制的实施意见（试行）》（2021年）、《广州市农业农村局涉农业、渔业、农用地生态环境损害赔偿案件办理工作指引（试行）》（2023年）、《广州市生态环境局生态环境损害案件简易鉴定评估工作规定（试行）》（2024年）、《关于加强生态环境损害赔偿与检察公益诉讼衔接机制的实施意见》（2024年）等。

广州市生态环境损害赔偿制度建设的典型做法有以下几点：

一是将生态环境损害赔偿制度写入地方性法规。从生态环境损害赔偿制度改革的总体进程看，《生态环境损害赔偿制度改革方案》作为将生态环境损害赔偿制度推向全国试行的基础性、专门性的规定，其在性质上仅仅是党政联合规范性文件。[①] 随着生态环境损害赔偿在实施层面日益常态化，中央和部分地区将生态环境损害赔偿立法提上日程。《中华人民共和国民法典》实施及《生态环境损害赔偿管理规定》印发后，生态环境损害赔偿的地方立法问题成为重中之重。生态环境损害赔偿不仅涉及不同地区职能部门的内部行政行为，还涉及外部单位和个人的权利义务，因此需要地方立法因地制宜给予一定指引和制度保障。《广州市生态环境保护条例》（2022年）中明确规定了广州市生态环境损害赔偿权利人以及指定的部门代表赔偿权利人开展生态环境损害赔偿具体工作，从地方立法的角度将《生态环境损害赔偿管理规定》有关内容建章立制，将生态环境损害赔偿制度写入地方性法规，能够为办案部门制定工作方案、指引等制度实践，以及开展索赔案例实践提供明确、细致且具有针对性的法律依据。

二是持续完善生态环境损害赔偿与检察公益诉讼衔接机制。在《关于加强生态环境损害赔偿与检察公益诉讼衔接机制的实施意见（试行）》（2021年）印发前，广州市生态环境部门与检察机关密切配合，办理了谭某非法倾倒淤泥污染环境案和钟某、陈某等民事公益诉讼案等公益诉讼和生态环境损害赔偿诉讼典型案例，取得了良好的生态效益和社会反响。在诉讼过程中，生态环境部门时常在案件调查取证、法院审理阶段给予检察机关专业技术支持，

---

① 李晨光、张梓太：《我国生态环境损害赔偿立法维度的思考》，载《环境保护》2022年第50卷第9期，第18-22页。

而案件的成功经验又为后续生态环境部门办理生态环境损害赔偿案件提供有益经验。与《生态环境损害赔偿制度改革实施方案》对比，《广州市生态环境损害赔偿制度改革实施方案》明确提出“建立生态环境损害赔偿与环境公益诉讼工作衔接机制”，《关于加强生态环境损害赔偿与检察公益诉讼衔接机制的实施意见（试行）》（2021 年）印发后，衔接机制得到了进一步落实，建立了案件线索、案件磋商、案件诉讼、生态环境修复、赔偿资金管理、信息共享、法治宣传和交流培训共 8 项具体衔接机制[①]。其中明确检察机关在履职中发现属于生态环境部门办理的生态环境损害线索，可及时移送生态环境部门索赔追偿，生态环境部门筛查生态环境损害线索，因确有困难无法开展索赔的，可移送检察机关开展公益诉讼，以此进一步拓宽生态环境损害赔偿与检察公益诉讼的案件线索来源；磋商环节，检察机关可派员参加磋商、提供法律意见建议、支持赔偿协议申请司法确认等，磋商不成的诉讼环节，检察机关采取提交书面法律意见或派员出庭等方式支持起诉；检察机关可以聘请生态环境部门业务骨干为特邀检察官助理，共同参与公益诉讼案件办理，同时生态环境部门也可聘请员额检察官为特邀法律监督员，为行政执法、生态环境损害赔偿等办案提供法律意见建议。得益于顺畅的衔接机制，广州市生态环境部门在检察机关大力支持下办理了一批在生态环境损害赔偿中实施替代修复、惩罚性赔偿等具有代表性的典型案例，通过总结实践经验，最终印发《关于加强生态环境损害赔偿与检察公益诉讼衔接机制的实施意见》（2024 年），案例实践与制度建设形成良性互动。

三是探索建立涉农业、渔业、农用地生态环境损害赔偿制度。生态环境损害赔偿制度改革的初衷之一即化解实践中普遍存在的生态环境部门“单打独斗”情形，形成部门合力。补种复绿、增殖放流等替代修复方式，更需要林业部门、农业农村部门等在修复过程中给予指导。广州市农业农村部门积极推进落实生态环境损害赔偿制度改革，于 2023 年办理广州市首宗涉及增殖

① 广州市越秀区人民检察院:《重磅！广州建立生态环境损害赔偿与检察公益诉讼衔接机制》，2021 年 9 月 28 日，https://guangzhouyx.jcy.gov.cn/xxgcssxfzl/12914.jhtml。

放流替代修复的生态环境损害赔偿案件[①]，监督赔偿义务人郭某等人将从具有资质种苗生产单位购买的近10万尾草鱼、鲫鱼、鲮鱼等当地土著鱼类鱼苗缓缓投放进当地渔业水域，取得良好的生态效应和积极的宣传效果。同年，《广州市农业农村局涉农业、渔业、农用地生态环境损害赔偿案件办理工作指引（试行）》（2023年）印发，该文件结合《广东省生态环境损害赔偿工作办法（试行）》相关规定，对涉农业、渔业、农用地生态环境损害赔偿案件的范围、程序、要求进行说明，将案件线索筛查分为线索初筛、线索初核两个阶段，确保"应筛尽筛""应提尽提"，并按照内部处室的职责明确分工，初步建立了行之有效的涉农业、渔业、农用地生态环境损害赔偿案件办理制度。

4.1.2 案件办理情况

截至2024年12月，广州市共办理生态环境损害赔偿案件62宗，约占全省案件总数（983宗）的6.31%，案件数量在广东省21个地市中排第6位。62宗案件中，55宗已结案，其中通过磋商方式结案27宗，磋商不成通过诉讼结案13宗，终止办理15宗，结案率88.71%，高于全省平均数据（81.38%）。其中2023年12月前启动索赔案件均已办结，7宗未办结案件均为2024年启动索赔案件，显示广州市较高的办案效率。

从案件类型上看，广州市生态环境损害赔偿案件以环境污染类型为主，其中违法排放水污染物、大气污染物类案件共35宗，非法处置固体废物、危险废物类案件共18宗，非法捕捞、采矿、采砂、砍伐林木等生态破坏类案件共9宗。从案件办理部门上看，广州市生态环境损害赔偿以生态环境部门办理为主，共计52宗，占比约83.87%，另外由自然资源部门办理4宗，水务部门办理4宗，农业农村部门和林业部门各办理1宗。

综合来看，广州市生态环境部门主要办理违法排放水污染物、大气污染物类和非法处置固体废物、危险废物类案件，自然资源部门、水务部门、农业农村部门和林业部门按照各自部门职责办理非法捕捞、采矿、采砂、砍伐

① 广州市农业农村局：《广州市农业农村局监督开展首宗生态环境损害赔偿修复增殖放流活动》，2023年8月15日，https://www.gz.gov.cn/xw/zwlb/bmdt/snyncj/content/mpost_9159807.html。

林木等生态破坏类案件，生态环境部门办理案件数量占比略低于全省平均数据（87.08%），自然资源部门与水务部门办理案件数量占比高于全省平均数据（分别为 4.58%、2.24%）。

从涉案金额上看，广州市生态环境损害赔偿案件涉案金额超 500 万元的案件共 5 宗，均为非法处置固体废物、危险废物类案件。从年度推进上看，广州市 2020 年共办理 15 宗案件，2021 年共办理 11 宗案件，2022 年、2023 年各办理 8 宗案件，2024 年办理 20 宗案件。

按照《生态环境损害赔偿管理规定》有关规定，赔偿义务人责任承担方式包括直接修复、替代修复以及货币赔偿，根据个案案情，3 种责任承担方式既可单独适用也可搭配适用。广州市 62 宗案件中，通过直接修复承担责任的案件共 3 宗，通过替代修复承担责任的案件共 5 宗，通过货币赔偿承担责任的案件共 13 宗，通过直接修复和货币赔偿承担责任的案件共 6 宗，通过替代修复和货币赔偿承担责任的案件共 2 宗，其余 33 宗案件未明确责任承担方式。

在依法依规督促赔偿义务人承担责任的过程中，广州市积极探索创新，通过设立生态环境损害赔偿修复示范基地，鼓励小额案件赔偿义务人把生态环境损害赔偿资金投入示范基地植物种植、养护或设施建设，通过异地集中开展生态环境损害赔偿替代修复，解决小额案件替代修复难、代偿资金支取周期长等问题。截至 2024 年 12 月，已有 4 宗案件分别在华南植物园生态环境损害赔偿修复示范基地（约 1 400 m^2）、六片山森林公园生态损害异地替代修复林（约 800 m^2）开展异地修复，充分发挥了生态修复、法治宣传、警示教育等功能，有效推动生态环境损害赔偿制度落地见效。

2024 年，广州市的案件办理类型进一步丰富，在某建筑材料经营企业未采取有效覆盖措施防治扬尘污染案中，为确定扬尘排放量，生态环境部门深入现场踏勘，确定本案现场的扬尘产生来源为 3 个堆体中的石粉堆，大气污染物排放事实明确。在本案无法以合理的成本确定大气生态环境损害范围、程度和损害数额的前提下，最终采用《生态环境损害鉴定评估技术指南　基础方法　第 1 部分：大气污染虚拟治理成本法》（GB/T 39793.1—2020）中的大气污染虚拟治理成本法评估量化生态环境损害数额，并与赔偿义务人磋商约定在华南植物园生态环境损害赔偿修复示范基地实施替代修复。此案为广州市首宗通过生态环境损害索赔的扬尘污染案件，为广州市生态环境损害索赔工作进一步系统化、规范化提供了可靠经验。

4.2 中山市

4.2.1 制度建设情况

中山市主要制度成果如下：《中山市生态环境损害赔偿制度改革实施方案》（2019年）、《中山市生态环境损害赔偿工作办法（试行）》（2021年）、《中山市生态环境局实施生态环境损害赔偿工作程序》（2021年）、《中山市生态环境局生态环境损害赔偿案件简易鉴定评估与磋商工作程序（试行）》（2021年）、《中山市生态环境损害赔偿资金管理办法》（2021年）、《关于加强生态环境损害赔偿与检察公益诉讼衔接机制的工作办法（试行）》（2022年）、《中山市自然资源局实施自然资源领域生态环境损害赔偿工作办法（试行）》（2022年）、《中山市水行政执法与检察公益诉讼协作机制实施意见（试行）》（2022年）、《中山市生态环境领域行政处罚自由裁量权规定》（2023年）、《中山市刑事案件和民事公益诉讼案件赔偿保证金提存制度（修订版）》（2024年）等。

中山市生态环境损害赔偿制度建设的典型做法有以下几点：

一是繁简分流，率先探索生态环境损害赔偿案件简易鉴定评估与磋商工作程序。在生态环境损害鉴定评估中，对于排放污染物行为事实明确，但损害事实不明确或无法以合理的成本确定生态环境损害范围、程度和损害数额的情形，可依照《生态环境损害鉴定评估技术指南　基础方法　第1部分：大气污染虚拟治理成本法》（GB/T 39793.1—2020）、《生态环境损害鉴定评估技术指南　基础方法　第2部分：水污染虚拟治理成本法》（GB/T 39793.2—2020）采用虚拟治理成本法计算公式计算生态环境损害数额。实践中，虚拟治理成本法主要适用于事实清楚、无争议、损害较小的违法排放水污染物、大气污染物类生态环境损害赔偿案件，以解决生态环境损害赔偿案件办理过程中处置周期长、评估门槛高、赔偿磋商难等痛点，实现案件繁简分流，提升生态环境损害赔偿案件整体办理质效。因此，需要办案部门建立相应的简易工作程序给予制度保障，以最大限度发挥技术支撑作用。对此，中山市生态环境部门创新工作方式，在全省率先提出并实施了简易程序[①]，印发《中山市生态环境局生态环境损害赔偿案件简易鉴定评估与磋商工作程序（试行）》（2021 年），从赔偿义务人范围、案件适用范围两个方面简化案件办理流程。①探索适当“放宽”赔偿义务人范围，允许赔偿义务人的股东、实际控制人、开办单位、上级主管单位或案外第三人自愿承担生态环境修复或者赔偿责任；②从损害数额和损害行为两个角度细化简易案件范围，对损害量化金额估算在 50 万元以内、案件事实清晰、赔偿义务人对损害责任认定无争议的生态环境损害赔偿案件，以及超标、违法排放污染物，或违法排放、倾倒、处置的固体废物数量低于 200 t，且不涉嫌构成环境污染犯罪的案件适用简易程序。同时，中山市建立了全省首个地市级生态环境损害鉴定评估与修复效果评估评审专家库，[②] 聘请全省生态环境领域 42 名专家形成“智囊团”，为中山市生态环境损害赔偿与修复工作出谋划策，并为简易案件的办理提供了强有力的科学依据和技术支撑。

二是规范生态环境损害赔偿资金管理。按照《生态环境损害赔偿资金管理办法（试行）》有关规定，生态环境损害赔偿资金是指生态环境损害事件发生后，在生态环境损害无法修复或者无法完全修复以及赔偿义务人不履行义务或者不完全履行义务的情况下，由造成损害的赔偿义务人主动缴纳或者按照磋商达成的赔偿协议、法院生效判决缴纳的资金。因此，生态环境损害赔偿资金是开展直接修复或替代修复的重要前提和保证。《中山市生态环境损害

---

① 南方报业传媒集团：《中山生态环境损害赔偿实现三个“全省率先”》，2023 年 5 月 26 日，https://baijiahao.baidu.com/s?id=1766920306436648073&wfr=spider&for=pc。

② 广东政法：《全省首例简易程序生态环境损害赔偿案成功办理》，2021 年 11 月 17 日，https://baijiahao.baidu.com/s?id=1716641222291167010&wfr=spider&for=pc。

赔偿资金管理办法》（2021年）在参照《生态环境损害赔偿资金管理办法（试行）》的基础上，细化生态环境损害赔偿资金的主要来源、使用范围，对生态环境损害赔偿资金的使用和管理作出明确要求，将收支两条线全流程进行规范化管理，解决案例实践中赔偿资金属性不明、审计风险高等难点痛点。其中，主要来源分为四方面：经生态环境损害赔偿诉讼已生效法律文书确定的、经磋商协议确定的、赔偿义务人自愿支付的以及其他用于生态环境损害修复的赔偿资金。使用范围包括五项：应急处置支出、修复支出、鉴定评估等相关支出、其他与修复相关的支出以及法律法规规定的其他使用范围。同时明确生态环境损害地镇政府（管委会、街道办事处）可以成为专项资金使用单位，简化专项资金的使用申请程序，最大限度保证受损的生态环境得到及时、有效修复，统筹财政资源做好生态环境修复支撑工作。

三是补强水务领域生态环境损害赔偿与检察公益诉讼衔接。为贯彻落实最高人民检察院、水利部印发的《关于建立健全水行政执法与检察公益诉讼协作机制的意见》（2022年），中山市迅速响应，在全省率先推动建立水行政执法与检察公益诉讼协作机制[①]，印发《中山市水行政执法与检察公益诉讼协作机制实施意见（试行）》（2022年），建立包括水务领域生态环境损害赔偿与检察公益诉讼在内的六大衔接机制（会商研判协作、专项行动、线索移送协作、调查取证协作、案情通报、水务领域生态环境损害赔偿与检察公益诉讼衔接），检察机关和水务部门在学习培训、检测鉴定、调查取证、线索移送等方面形成相互支持、双赢共赢的良好局面。2022年，中山市检察机关在收到水务部门反映西江水道存在非法倾倒情况后，主动派员讲解检察机关支持起诉的程序，帮助分析案件事实、阐释法律法规、商议索赔金额等，协同水务部门开展生态环境损害赔偿案件办理[②]。中山市水务部门及时启动生态环境损害赔偿程序，对在西江流域磨刀门水道非法倾倒渣土的11名赔偿义务人

① 中山市水务局，中山市人民检察院：《中山市水务局新闻发布会图文实录》，2023年9月26日，https://water.zs.gov.cn/xxml/swdt/ssdt/content/post_2326781.html。

② 中山检察：《中山："检察公益诉讼＋水行政执法"，携手守护这一年》，2023年8月4日，https://www.gdzf.org.cn/xbsy/gddt/content/post_139475.html.

索赔合计 220.24 万元，水务部门与赔偿义务人通过磋商达成一致后签订赔偿协议并申请司法确认，追回全额生态环境损害赔偿金，实现“谁损害、谁赔偿”，有力震慑在西江流域非法倾倒渣土的不法分子。中山市通过案例实践检验了“水生态环境损害赔偿 + 检察公益诉讼”协作机制，进一步提升了涉水案件的办理效率。

四是探索赔偿保证金提存制度，破解生态环境损害赔偿诉讼效率瓶颈。赔偿保证金制度的探索源于《中华人民共和国刑事诉讼法》中刑事和解的拓宽适用，[①] 其主要内容为：当被追诉人（犯罪嫌疑人或被告人）认罪认罚且有赔偿意愿，因被害人索要赔偿金不合理而无法达成谅解时，被追诉人在缴纳一定数额赔偿保证金之后，办案机关可依法对被追诉人采取宽缓处理。[②] 赔偿保证金制度目前主要运用于轻微刑事案件、未成年人犯罪等领域，部分地区检察机关与公证机关开始在环境民事公益诉讼领域探索实施赔偿保证金提存制度。[③] 中山市率先在生态环境损害赔偿案件中探索赔偿保证金制度，出台《中山市刑事案件和民事公益诉讼案件赔偿保证金提存制度》，并在 2024 年对该文件进行修订。该制度明确涉及生态环境损害赔偿案件的犯罪嫌疑人或被告人若有赔偿意愿且有赔偿能力的，可自愿向司法机关申请，向公证机关提存一定数额的赔偿保证金，并可以此作为从轻处罚的重要考量因素。除了适用赔偿保证金提存的具体条件和案件类型以外，文件还规定司法机关在决定适用赔偿保证金提存制度前，要做好犯罪嫌疑人与被害人双方的风险评估预警和释法说理工作，使双方当事人明确自身权利义务及适用本制度产生的影响，有利于破解生态环境损害赔偿诉讼、刑事诉讼、公益诉讼等司法效率瓶颈，助力社会矛盾纠纷化解。

---

① 王天保、李莉：《“少捕慎诉慎押”刑事司法政策视域下的赔偿保证金制度研究》，载《行政与法》2022 年第 10 期，第 109–120 页。

② 陈忆毅、张啸远：《轻罪治理体系下的赔偿保证金制度研究——以 S 市的检察实践为样本》，载《法制博览》2024 年第 35 期，第 18–20 页。

③ 庄立萍：《浅议公益诉讼赔偿保证金提存公证》，载《中国公证》2024 年第 7 期，第 59–61 页。

4.2.2 案件办理情况

截至 2024 年 12 月，中山市共办理生态环境损害赔偿案件 132 宗，约占全省案件总数（983 宗）的 13.43%，案件数量在广东省 21 个地市中仅次于东莞市，排第 2 位。其中 94 宗案件已结案，通过磋商方式结案 74 宗，磋商不成通过诉讼结案 12 宗，终止办理 8 宗，结案率 71.21%，低于全省平均数据（81.38%）。38 宗未办结案件中，35 宗未办结案件为 2024 年启动索赔案件，其余 3 宗案件分别为 2022 年、2023 年启动索赔案件，涉及重金属污染物严重超标情形，尚处于生态环境损害调查阶段。

在案件办理部门方面，中山市 120 宗案件由生态环境部门办理，1 宗案件由自然资源部门办理，6 宗案件由住房城乡建设部门办理，5 宗案件由水务部门办理；在案件类型方面，中山市违法排放水污染物、大气污染物类案件共 110 宗，非法倾倒、处置固体废物、危险废物类案件共 17 宗，河道内非法倾倒渣土类案件共 5 宗。

综合来看，中山市生态环境损害赔偿案件类型以违法排放水污染物、大气污染物类案件为主，由生态环境部门负责办理；按照《广东省固体废物污染环境防治条例》《广东省城乡生活垃圾管理条例》《中山市生态环境损害赔偿工作办法（试行）》等的有关规定，17 宗非法倾倒、处置固体废物、危险废物类案件中，涉及非法倾倒生活垃圾的案件共 6 宗，由住房城乡建设部门负责办理，其余 11 宗涉及非法倾倒、处置一般工业固体废物、危险废物的案件，由生态环境部门负责办理；5 宗河道内非法倾倒渣土类案件由水务部门负责办理。中山市生态环境部门办理案件数量占比约为 90.91%，略高于全省平均数据（87.08%），住房城乡建设部门与水务部门办理案件数量占比亦高于全省平均数据（分别为 1.22%、2.24%），自然资源部门办理案件数量占比低于全省平均数据（4.58%）。

从涉案金额上看，中山市生态环境损害赔偿案件涉案金额超 500 万元的案件共 7 宗，其中非法倾倒、处置固体废物、危险废物类案件 5 宗，违法排放水污染物类案件 2 宗；从年度推进上看，中山市 2020 年共办理 2 宗案件，

2021 年共办理 18 宗案件，2022 年共办理 25 宗案件，2023 年共办理 30 宗案件，2024 年共办理 57 宗案件。

按照《最高人民法院关于审理环境民事公益诉讼案件适用法律若干问题的解释》《最高人民法院关于审理环境公益诉讼案件的工作规范（试行）》《生态环境损害赔偿管理规定》等的有关规定，生态环境损害无法修复的，赔偿义务人应当依法赔偿相关损失和生态环境损害赔偿范围内的相关费用，或者在符合有关生态环境修复法规政策和规划的前提下，开展替代修复，替代修复方式包括区域环境治理、劳务代偿、从事环境宣传教育等。为兼顾"恢复性"的司法理念和"以人为本"的司法温度，平衡生态资源保护与侵权责任人赔偿能力，中山市积极探索替代修复责任承担方式。在中山市郭某非法处置危险废物案件中，郭某在无相关许可证的情况下从事危险废物收集、贮存、利用、处置活动，已造成生态环境损害；在磋商和诉讼过程中，郭某表示由于其家庭经济十分困难，难以支付生态损害赔偿金。2024 年 8 月，中山市人民法院就劳务代偿折抵土壤资源价值损失部分进行判决，判决赔偿义务人郭某通过劳务代偿赔偿部分生态环境损害，即以从事 20 次公益劳动的方式进行赔偿折抵。此案为中山市成功办理的第一宗以劳务代偿折抵的生态环境损害赔偿案例，[①] 借助以劳代偿模式的撬动效应，进一步推广了"环境有价、损害担责"的理念，对中山市生态环境损害赔偿协同衔接机制建设是有益的尝试和探索。

4.3 深圳市

4.3.1 制度建设情况

深圳市主要制度成果如下：《中共深圳市委办公厅　深圳市人民政府办公厅关于贯彻落实生态环境损害赔偿制度改革工作的通知》（2019 年）、

① 《中山首宗！"劳务代偿"折抵生态环境损害赔偿》，2024 年 9 月 6 日《广州日报》，第 ZSA9 版。

《深圳市生态环境损害鉴定评估专家意见出具工作指引（试行）》（2022年）、《深圳市生态环境损害索赔工作指引（试行）》（2022年，深环〔2022〕182号）、《深圳市生态环境局生态环境损害索赔工作指引（试行）》（2022年，深环办〔2022〕2号）、《深圳市生态环境损害案件筛查与调查技术指南（试行）》（2022年）、《深圳市生态环境损害赔偿工作实施方案》（2023年）、《深圳市生态环境局　深圳市人民检察院关于加强生态环境行政执法与公益诉讼检察协作的通知》（2023年）、《龙岗区生态环境损害赔偿工作实施方案》（2024年）、《坪山区生态环境损害赔偿工作实施方案》（2024年）等。

深圳市生态环境损害赔偿制度建设的典型做法有以下几点：

一是重视技术引领，完善生态环境损害鉴定评估工作程序。在《深圳市生态环境损害鉴定评估专家意见出具工作指引（试行）》（2022年）中，深圳市不仅在参照相关法律规定的基础上明确了出具专家意见的适用范围、适用条件，且对专家回避、委托内容、专家意见内容、意见是否采纳等作出详细规定，提高了生态环境损害赔偿案件办理的规范性、准确性、高效性。①深圳市参照《中华人民共和国民法典》第七编第七章“环境污染和生态破坏责任”行文思路，在“适用条件”第三项中分别规定环境污染类、生态破坏类案件可以采用委托专家的方式进行评估的情形；对于环境污染类案件，要求污染物来源及性质明确，污染已控制或清除；对于生态破坏类案件，要求受损的自然生态物种及数量、面积等明确，破坏行为已经终止。②参照《司法鉴定程序通则》（2016年）关于鉴定人回避、委托等规定，要求与被评估案件所属单位有关联、有法律纠纷或经济利益关系的专家及其配偶或直系亲属遵循回避原则，同时明确委托方与被委托专家应当签订《专家意见委托书》，并规定委托书应包括双方信息、委托事项、案情概述、评估材料、费用及收取方式、专家意见送达方式、约定事项、风险提示以及其他需要说明的事项等9项内容。

二是强化线索筛查，完善生态环境损害案件筛查与调查工作程序。2025年2月，深圳市市场监督管理局发布《生态环境损害鉴定评估技术指南　筛查与调查》（DB 4403/T 592—2025）。参考《生态环境损害鉴定评估技术指南　总

纲和关键环节　第 1 部分：总纲》（GB/T 39791.1—2020）、《生态环境损害鉴定评估技术指南　总纲和关键环节　第 2 部分：损害调查》（GB/T 39791.2—2020）等国家标准，从技术标准角度明确如何开展生态环境损害案件筛查与调查。①明确工作程序，将生态环境损害案件筛查与调查分为线索筛查、初步核查、损害调查、档案管理等 4 个阶段，列出每个阶段的工作内容和判断标准。例如在线索筛查阶段，办案部门需按照《生态环境损害赔偿管理规定》列举的相关渠道定期组织筛查，发现案件线索或接收相关部门移交的案件线索；在初步核查阶段，通过获取生态环境损害是否存在、履行赔偿义务基本情况、同一生态环境损害案件判决情况等 6 项必要数据资料，判定是否需要启动索赔程序；在损害调查阶段，对于需要继续索赔程序的案件，组织完成鉴定评估，对于结果判定或鉴定评估发现符合不启动索赔情形的案件，终止索赔程序；在档案管理阶段，要求办案部门在筛查与调查工作结束后应当编写《损害调查结论表》，进入初步核查阶段的案件需要填写《初步核查情况统计表》，建立“一案一档”的归档制度。在对以上 4 个阶段内容总结归纳的基础上，制作筛查与调查工作流程图，建立生态环境损害案件筛查与调查全流程管理制度。②统一归档格式，深圳市要求办案部门在编写《损害调查结论表》时，按照“部门代码 - 年份 - 案件序号”模式进行填报，并列举包括深圳市生态环境部门、自然资源部门、水务部门、住房城乡建设部门在内的十余个“部门代码”“年份”以筛查与调查工作启动的时间为准；“案件序号”则经由深圳市生态环境部门汇总材料后，对全市全部案件统一进行编号，便于后期归档及查阅。综上所述，《深圳市生态环境损害案件筛查与调查技术指南（试行）》（2022 年）对负责线索筛查工作的办案部门具有较强的指导意义，提高了深圳市案件线索筛查工作的质效。

三是制度改革走深走实，探索建立区一级生态环境损害赔偿制度。《生态环境损害赔偿管理规定》明确了生态环境损害赔偿权利人的范围，即国务院授权的省级、市地级政府（包括直辖市所辖的区县级政府），赔偿权利人可以根据有关职责分工，指定有关部门或机构负责具体工作。《深圳市生态环境损害赔偿工作实施方案》（2023 年）明确，深圳市各区人民政府可以参照本方案，指定本行政区域内的相关部门或机构按职责负责生态环境损害赔偿具体工作。深圳市在依照《中华人民共和国立法法》相关规定的基础上，结合实际工作需要，在经济特区内对赔偿权利人的范围作出变通规定，探索推动区一级人民政府作为赔偿权利人开展索赔工作。龙岗区、坪山区分别印发《龙岗区生态环境损害赔偿工作实施方案》（2024 年）、《坪山区生态环境损害赔偿工作实施方案》（2024 年），规定区一级各职能部门及各街道办事处按职责负责生态环境损害赔偿具体工作。深圳市探索从制度上将作为生态环境治理关键一环的街道办事处纳入生态环境损害索赔工作中，推动“环境有价、损害担责”的理念深入基层，生态环境损害赔偿制度改革进一步走深走实。

4.3.2 案件办理情况

截至 2024 年 12 月，深圳市共办理生态环境损害赔偿案件 90 宗，约占全省案件总数（983 宗）的 9.16%，案件数量在广东省 21 个地市中排第 4 位。其中 76 宗案件已结案，通过磋商方式结案 60 宗，磋商不成通过诉讼结案 4 宗，终止办理 12 宗，结案率 84.44%，略高于全省平均数据（81.38%）。14 宗未办结案件中，13 宗为 2024 年启动索赔案件，其余 1 宗为 2023 年启动索赔案件；从未办结案件类型来看，均为违法排放大气污染物、水污染物、噪声类案件。

在案件办理部门方面，深圳市 85 宗案件由生态环境部门办理，3 宗案件由水务部门办理，2 宗案件由基层人民政府办理；在案件类型方面，深圳市办理违法排放大气污染物类案件共 35 宗，办理违法排放水污染物类案件共 24 宗，办理违法排放噪声类案件共 23 宗，办理非法倾倒、处置固体废物、危险废物类案件共 5 宗，办理突发环境事件类案件共 3 宗（因损害轻微，3 宗案件均终止索赔）。

综合来看，深圳市生态环境损害赔偿案件类型以违法排放大气污染物、水污染物、噪声类案件为主，此类案件的损害事实简单、责任认定无争议、损害较小，案件办理部门一般采用委托专家评估的方式出具专家意见，或根据与案件相关的法律文书、监测报告等资料，由案件办理部门自行或借助技术单位支持进行研究，综合作出认定。相对省内其他地区，深圳市违法排放大气污染物、噪声类案件数量较多、类型丰富。35 宗违法排放大气污染物类案件中，17 宗案件为使用排放不合格非道路移动机械排放大气污染物，15 宗案件为不正常运行污染防治设施排放大气污染物，3 宗案件为未按要求落实扬尘污染防治措施造成大气环境损害；23 宗违法排放噪声类案件中，15 宗案件为超标排放建筑施工噪声损害声环境，8 宗案件为突发性尖锐噪声、夜间超时施工等扰民行为损害声环境。深圳市违法排放大气污染物、水污染物、噪声类案件均由生态环境部门办理，办理案件数量占比约为 94.44%，高于全省平均数据（87.08%）。

从涉案金额上看，深圳市涉案金额超 500 万元的案件共 3 宗，均为违法排放水污染物类案件；从年度推进上看，深圳市 2020 年共办理 3 宗案件，2021 年共办理 8 宗案件，2022 年共办理 20 宗案件，2023 年共办理 32 宗案件，2024 年共办理 27 宗案件。

由上可知，深圳市在案件类型上以违法排放大气污染物、水污染物、噪声类案件为主，其中违法排放大气污染物类案件数量最多，涉案金额超 500 万元的案件较少，大多属于损害事实简单、责任认定无争议、损害较小的案件，鉴定评估基本采用出具专家意见或综合认定的方式。深圳市将探索扬尘领域生态环境损害赔偿与区政府作为赔偿权利人相结合，办理了广东省首宗扬尘领域的生态环境损害赔偿以及深圳市首宗以区政府作为赔偿权利人指定的部门开展损害赔偿工作的案件[①]。2024 年 2 月，深圳市生态环境部门发现罗湖区某建筑项目施工工地现场喷淋、雾炮等降尘设施未开启，出入口和主要车行道冲洗保洁不到位，裸土未覆盖扬尘网；经与住房城乡建设部门核实，确认涉案施工工地未按要求落实扬尘污染防治措施，造成大气环境损害。同月，深圳市住房城乡建设部门将涉案施工现场前期取证线索移交生态环境部门开展索赔工作。2024 年 4 月，深圳市生态环境部门委托有资质的第三方机

① 深圳市生态环境局：《广东省首宗扬尘领域生态环境损害赔偿协议在深圳罗湖顺利签订》，2024 年 5 月 28 日，https://www.sz.gov.cn/cn/xxgk/zfxxgj/bmdt/content/post_11316769.html。

构针对本案扬尘污染造成大气环境损害，开展环境损害司法鉴定。经鉴定评估和沟通磋商，本案赔偿义务人愿意承担相应赔偿责任，由深圳市罗湖区人民政府牵头签订生态环境损害赔偿协议。本案的成功办理为深圳市扬尘污染治理提供了除行政处罚以外的一条新路径，有效破解“扬尘污染，无人修复”的困局，为广东省其他地区的扬尘治理提供切实可行的实践经验。

4.4 佛山市

4.4.1 制度建设情况

佛山市主要制度成果如下：《佛山市生态环境损害赔偿工作制度》（2021年）、《佛山市生态环境局关于进一步加强生态环境损害赔偿工作的通知》（2022年）、《关于加强生态环境损害赔偿与检察公益诉讼衔接的工作规定》（2022年）、《佛山市生态环境局生态环境损害赔偿案件简易鉴定评估工作规定（试行）》（2024年）等。

佛山市生态环境损害赔偿制度建设的典型做法有以下几点：

一是明确内部分工，层层压实部门科室生态环境损害赔偿工作职责。在《佛山市生态环境损害赔偿工作制度》（2021年）中，佛山市已明确生态环境部门、自然资源部门、住房城乡建设部门等10部门具体工作职责，主要由生态环境部门牵头开展日常工作，包括综合安排、组织协调和监督指导等，并对属于部门职责范围内的生态环境损害赔偿案件组织开展索赔工作，此外还需要配合其他部门做好环境和健康综合监测及风险评估等与生态环境损害索赔紧密相关的工作。佛山市在此基础上优化工作流程，印发《佛山市生态环境局关于进一步加强生态环境损害赔偿工作的通知》（2022年），明确市局各科室职责分工，按照各科室各自职责范围内的生态环境要素分别负责各领域生态环境损害赔偿案件的线索筛查、调查评估、修复监督等工作，同时将生态环境损害赔偿工作纳入“一岗双责”考核，针对各分局建立生态环境损害赔偿工作制度创新以及案例实践的奖励制度，提高生态环境部门内部工作质效。

二是加强生态环境部门与检察机关的人员交流和信息共享。最高人民检察院、生态环境部联合印发《关于加强生态环境损害赔偿与检察公益诉讼衔接的意见》，要求生态环境部门发现或者接到生态环境损害赔偿案件线索，决定立案启动索赔程序的，应当在作出决定之日起 15 日内通报同级检察机关；检察机关受理生态环境民事公益诉讼案件线索后，发现符合生态环境损害赔偿条件的，可以在公告时通报同级生态环境部门。同时，上级检察机关、生态环境部门可以开展联合挂牌督办涉及生态环境损害的相关案件线索。佛山市在贯彻落实相关制度精神的基础上，进一步强化协作机制，明确在生态环境损害调查、磋商、诉讼、修复阶段以及资金管理、信息共享等方面商请检察机关提供支持协助。此外，佛山市生态环境部门与检察机关建立研讨交流及人员交流机制：生态环境部门与检察机关可联合对具有普遍、典型意义的案例进行研讨交流，汇编印发，对办案过程中出现的重大、疑难问题，特别是法律法规适用问题，可共同开展调查研究，双方可邀请对方参加涉及生态环境保护的有关调研工作、决策研究、规范性文件制定等工作；生态环境部门可聘请检察机关检察官为特邀法律顾问，为行政执法办案提供法律咨询意见，检察机关可聘请生态环境部门业务骨干为特邀检察官助理，协助开展检察公益诉讼工作。

三是建立简易评估定期报告制度。简易鉴定评估程序是生态环境损害赔偿制度不可或缺的部分，需要从法律和技术两个层面加以指导和规制。《生态环境损害鉴定评估技术指南　基础方法　第 1 部分：大气污染虚拟治理成本法》（GB/T 39793.1—2020）、《生态环境损害鉴定评估技术指南　基础方法　第 2 部分：水污染虚拟治理成本法》（GB/T 39793.2—2020）等生态环境损害鉴定评估技术指南相关内容印发后，适用简易鉴定评估在技术层面已有据可依。在法律层面，《生态环境损害赔偿管理规定》明确了对损害事实简单、责任认定无争议、损害较小的案件，可以开展简易鉴定评估，而在具体实施过程中，不同地区的价格指数、污染物治理成本等存在一定差异，影响最终生态环境损害量化结果。因此，除了鉴定机构和专家应当对其出具的鉴定意见、鉴定评估报告、专家意见等负责外，还需要赔偿权利人根据个案情况进行把关。在《佛山市生态环境局生态环境损害赔偿案件简易鉴定评估工作规定（试行）》（2024 年）中，佛山市提出针对生态环境损害赔偿案件简易鉴定评估工作建立定期报告制度，由法制部门定期将适用简易鉴定评估程序的生态环境损害赔偿案件办理情况向市政府报告，为办案部门适用简易评估加上“双保险”，同时细化简易鉴定评估方式及要求，为规范办理小额生态环境损害赔偿案件提供工作依据，提高了案件办理效率。

4.4.2 案件办理情况

截至 2024 年 12 月，佛山市共办理生态环境损害赔偿案件 112 宗，约占全省案件总数（983 宗）的 11.39%，案件数量在广东省 21 个地市中排第 3 位。其中 97 宗案件已结案，通过磋商方式结案 64 宗，磋商不成通过诉讼结案 8 宗，终止办理 25 宗，结案率 86.61%，高于全省平均数据（81.38%）。佛山市 15 宗未办结案件均为 2024 年启动索赔案件；从未办结案件类型来看，12 宗为违法排放水污染物类案件，3 宗为非法倾倒、处置危险废物类案件。

在案件办理部门方面，佛山市 109 宗案件由生态环境部门办理，2 宗案件由基层人民政府办理，1 宗案件由农业农村部门办理；在案件类型方面，佛山市办理违法排放水污染物、大气污染物类案件共 71 宗，办理非法倾倒、处置危险废物类案件共 21 宗，办理非法倾倒、处置固体废物类案件共 19 宗，办理非法捕捞案件 1 宗。

相对其他典型地市，佛山市的非法倾倒、处置固体废物及危险废物类案件在案件总数中占比较高，合计约占案件总数的 36%，其中危险废物类案件占比略高于其他固体废物类案件占比，案件发生地以佛山市顺德区、南海区、三水区为主，案件主要特点为跨区域非法处置、倾倒危险废物。原因之一是佛山市工业企业数量多，传统制造业发达。根据《2024 年广东制造业 500 强企业研究报告》，佛山上榜企业数量达到 102 家，位居全省第一。佛山市顺德区、南海区等地工业企业分布密集，部分企业为降低生产成本，将生产过程中产生的固体废物、危险废物运输至郊区非法倾倒、处置。原因之二是佛山市战略规划影响客土需求。三水区等地作为佛山市近年重点发展地区，[①] 开发速度迅猛，客土需求量较大，不法分子以外地来土和填土项目为掩护，非法运输、倾倒固体废物、危险废物，造成生态环境损害。原因之三是部分企业未满足国家危险废物管理制度调整要求。佛山市是广东省铝材加工企业最主要的集中地之一，产能约占全省的 65%。[②] 在《国家危险废物名录（2016 年版）》中，只有一种铝灰属于明确列入名录的危险废物，二次铝灰和除尘灰通常按一般工业固体废物管理。《国家危险废物名录（2021 年版）》实施后，铝材加工行业产生的一次铝灰、二次铝灰、除尘灰等已全部纳入危险废物管理。2021 年，佛山市及省内有资质处理铝灰渣的单位较少，处置能力严重不足，不少铝材加工企业因此将铝灰渣暂存厂内。据统计，截至 2021 年 7 月，佛山全市铝材加工企业铝灰渣贮存总量约 1.7 万 t，危险废物贮存过程中可能存在泄漏、流失等现象，造成生态环境损害。

从涉案金额上看，佛山市涉案金额超 500 万元的案件 1 宗，为非法倾倒、处置固体废物类案件；从年度推进上看，佛山市 2020 年共办理 8 宗案件，2021 年共办理 11 宗案件，2022 年共办理 13 宗案件，2023 年共办理 8 宗案件，2024 年共办理 72 宗案件。

由上可知，佛山市生态环境损害赔偿案件数量在 2024 年有较大增长，主要原因是佛山市在印发《佛山市生态环境局生态环境损害赔偿案件简易鉴定评估工作规定（试行）》（2024 年）后，佛山市生态环境部门在做好非法倾倒、处置固体废物及危险废物类案件索赔工作的基础上，依据简易程序对大量违法排放水污染物、大气污染物类案件启动索赔。截至 2024 年 12 月，2024 年佛山市共办理违法排放水污染物、大气污染物类案件 56 宗，约占此类案件总数（共 71 宗）的 78.87%，约占当年案件总数（共 72 宗）的 77.78%。此外，从佛山市年度推进的案件类型上看，佛山市于 2024 年在案例实践中作

① 佛山市新闻传媒中心：《三水用好改革"关键一招"，加速"五个跃升"》，2024 年 10 月 10 日，https://www.foshan.gov.cn/zwgk/zwdt/wqdt/ssq/content/post_6157140.html。

② 丁媚英：《佛山：多措并举为铝灰渣处置找出路》，载《环境》2021 年第 8 期，第 20-22 页。

出探索和突破，采用简易鉴定评估办理了全市首宗涉废气排放生态环境损害赔偿案件[①]。佛山市生态环境部门执法人员到某企业进行检查，发现某企业设备异常导致短时间内排放大量黑烟，对周边的大气环境造成生态环境损害，生态环境部门依法追究该企业生态环境损害赔偿责任，并委托广东省环境科学研究院专家开展鉴定评估。专家依法出具生态环境损害简易鉴定评估意见后，2024 年 4 月至 5 月，佛山市生态环境部门召集磋商会议，最终通过磋商达成赔偿意见，签订生态环境损害赔偿协议。根据《生态环境损害赔偿资金管理办法（试行）》，涉案企业缴纳的赔偿金将统筹用于属地开展的生态环境修复相关工作。针对废气排放量和单位治理成本不易确定等问题，佛山市生态环境部门积极和广东省环境科学研究院专家进行沟通，通过调取企业历史申报数据、在线监测数据、同类型企业的治理成本等数据，并综合环境影响等因素，运用虚拟治理成本法科学开展鉴定评估并准确界定涉案企业的赔偿责任，充分体现了“环境有价，损害担责”的原则。

4.5 东莞市

4.5.1 制度建设情况

东莞市主要制度成果如下：《东莞市生态环境损害赔偿制度改革实施方案》（2019 年）、《东莞市生态环境损害赔偿磋商管理办法（试行）》（2021 年）、《东莞市生态环境损害修复监督管理办法（试行）》（2021 年）、《东莞市生态环境损害赔偿资金管理办法（试行）》（2021 年）、《东莞市生态环境损害赔偿信息公开办法（试行）》（2021 年），《东莞市生态环境局实施生态环境损害赔偿工作指引》（2022 年）等。

东莞市生态环境损害赔偿制度建设的典型做法有以下几点：

一是细化磋商管理制度，促使受损生态环境尽快得到修复。《生态环境损

① 佛山市生态环境局南海分局：《全市首宗！南海完成涉废气排放生态环境损害赔偿案件》，2024 年 7 月 5 日，https://www.nanhai.gov.cn/fsnhsthjj/gkmlpt/content/6/6039/post_6039394.html#1896。

害赔偿管理规定》规定赔偿权利人及其指定的部门或机构，应当就修复方案、修复启动时间和期限、赔偿的责任承担方式和期限等具体问题与赔偿义务人进行磋商，对于涉及多部门的案件如何开展磋商未作出说明。东莞市在《东莞市生态环境损害赔偿磋商管理办法（试行）》（2021 年）中明确，生态环境损害赔偿案件涉及两个及以上部门的，由市政府指定主办部门或机构办理，指定前可以由生态环境部门提出意见，对提高磋商效率起到一定作用。此外，《生态环境损害赔偿管理规定》要求磋商过程中，应当充分考虑修复方案可行性和科学性、成本效益优化、赔偿义务人赔偿能力、社会第三方治理可行性等因素，对磋商双方的法律、技术等多方面知识水平提出了一定要求。为尽力促成磋商双方达成一致并依法签订赔偿协议，东莞市提出办案部门和赔偿义务人均可以聘请律师，协助其办理磋商事宜。在考虑生态环境修复成本、赔偿义务人的赔偿能力等因素的基础上，律师可协助办案部门提出切实可行的赔偿方式和修复措施，既能最大限度保证生态环境得到有效修复，又能兼顾赔偿义务人的实际情况。同时，东莞市规范了律师参与磋商过程的程序，规定赔偿义务人聘请律师代理的，应当向工作部门提交代理手续，确保磋商会议严格按照法定程序进行。

二是强化修复监督管理，规范修复项目实施、绩效评估程序。《生态环境损害赔偿管理规定》明确，赔偿权利人及其指定的部门或机构应当组织对受损生态环境修复的效果进行评估，确保生态环境得到及时有效修复。根据《关于深入推进生态环境损害赔偿制度改革若干具体问题的意见》（2025 年）中关于生态环境损害修复相关内容，生态环境损害修复可分为直接修复与替代修复两种方式，其中直接修复的方式为赔偿义务人自行修复或者委托具备修复能力的社会第三方机构修复，由赔偿权利人指定的部门或机构做好监督等工作；而替代修复方式较为多样，原则是优先考虑让人民群众对生态环境改善有切实获得感的项目，可以由赔偿权利人及其指定的部门或机构根据国家和本地区国土空间规划、生态修复规划等的相关规定，统筹组织在损害结果发生地开展替代修复。由此可见，赔偿权利人及其指定的部门或机构对修复过程、效果开展监督是确保受损生态环境得到及时、有效修复的关键。东

扫码查看
相关文件

莞市在《东莞市生态环境损害修复监督管理办法（试行）》（2021 年）中，明确了修复监督的主体责任，即赔偿义务人自行修复项目由赔偿义务人负责，委托第三方修复的项目由受委托的第三方负责；替代修复的项目由提出替代修复的镇人民政府（街道办事处）、园区管委会负责。另外，东莞市要求修复项目责任单位应提交生态环境修复可行性和施工方案等 4 项备案材料，在修复工程完工后 60 个工作日内向监督管理部门申请生态修复绩效验收，并提交项目修复绩效评估报告及专家评审意见等材料，最大限度确保将生态环境损害修复责任落到实处。

三是制定信息公开办法，充分保障公众知情权。《生态环境损害赔偿管理规定》规定，生态环境损害调查、鉴定评估、修复方案编制等工作中涉及公共利益的重大事项，生态环境损害赔偿协议、诉讼裁判文书、赔偿资金使用情况和生态环境修复效果等信息应当依法向社会公开。《东莞市生态环境损害赔偿信息公开办法（试行）》（2021 年）在此基础上对生态环境损害赔偿信息公开的具体内容作出进一步细化，规定除涉及国家秘密、商业秘密、个人隐私等法律规定的相关内容外，公民、法人和其他组织可向相关职能部门依法申请获取生态环境损害赔偿信息。此外，为指导各职能部门做好信息公开申请的答复工作，东莞市参照《中华人民共和国政府信息公开条例》对生态环境损害赔偿信息公开的答复期限、答复内容等作出具体要求，明确行政主体与行政相对人的权利和义务，一方面促使赔偿权利人积极履行索赔职责，对生态环境损害相关信息及时作出响应并依法保障公众知情权，做到生态环境损害赔偿“应赔尽赔”；另一方面，生态环境损害赔偿信息公开亦有助于防止赔偿义务人逃避赔偿责任，督促其积极修复受损生态环境，对企业和社会公众起到良好的示范效应和警示作用。

4.5.2 案件办理情况

截至 2024 年 12 月，东莞市共办理生态环境损害赔偿案件 147 宗，约占全省案件总数（983 宗）的 14.95%，案件数量在广东省 21 个地市中排首位。其中 127 宗案件已结案，通过磋商方式结案 92 宗，磋商不成通过诉讼结案

24 宗，终止办理 11 宗，结案率 86.39%，高于全省平均数据（81.38%）。

在案件办理部门方面，东莞市 142 宗案件由生态环境部门办理，4 宗案件由林业部门办理，1 宗案件由水务部门办理；在案件类型方面，东莞市办理违法排放水污染物类案件共 96 宗，办理违法排放大气污染物类案件共 21 宗，办理非法倾倒、处置固体废物、危险废物类案件共 25 宗，办理非法狩猎类案件共 4 宗，办理违法采砂类案件 1 宗。

值得注意的是，东莞市在 2024 年办理了 4 宗非法狩猎类案件，占广东省生态环境损害赔偿非法狩猎类案件数量的 80%（东莞市 4 宗，清远市 1 宗）。与外省其他同类型案例对比，外省同类型案例多为赔偿义务人直接捕杀国家野生保护动物造成生态环境损害，而东莞市此类案件多为赔偿义务人非法买卖国家野生保护动物后进行饲养或圈养，非法购买的野生保护动物在被圈养一定时间后，虽已被放生返回自然生态环境中，但圈养行为可能对其身体形状、野外原始生存能力产生一定影响，间接造成一定的生态环境损害。东莞市在办理此类案件时运用森林生态环境损害鉴定评估技术方法对涉案野生动物的生态服务功能损害进行量化，结合涉案野生保护动物的平均寿命、赔偿义务人圈养的数量和时间、放生后存活不确定性综合分析，最终确定涉案野生保护动物的生态环境损害量化价值并与赔偿义务人达成一致，以生态环境损害磋商的实际行动宣传保护生物多样性的重要性，促进人与自然和谐共生。

从涉案金额上看，东莞市涉案金额超 500 万元的案件共 3 宗，其中 2 宗为非法倾倒、处置固体废物、危险废物类案件，1 宗为违法排放水污染物类案件，均通过诉讼方式结案；从年度推进上看，东莞市 2020 年共办理 7 宗案件，2021 年共办理 11 宗案件，2022 年共办理 29 宗案件，2023 年共办理 48 宗案件，2024 年共办理 52 宗案件。

由上可知，东莞市生态环境损害赔偿案件大部分由生态环境部门负责办理，案件类型以违法排放水污染物、大气污染物类案件为主，其中大部分案件的生态环境损害无法修复，需要通过替代修复提升案件办理的生态环境效益。因此，东莞市生态环境部门联合案件相对集中的属地人民政府共同设立

"东莞市生态环境损害赔偿案件替代性生态林"。目前，该生态林已建成并竣工验收，[①] 生态林内已完成的替代修复项目为凤岗镇 2022 年以来开展的 10 宗生态环境损害赔偿案件。生态林建设过程中核算了各项目碳汇效益，根据核算结果确定了各项目的树种选植方案并实际开展了树种选植，在显著位置设置公益宣教展示区，直观生动展示实体修复案例，通过以案释法的形式宣传"环境有价，损害担责"的生态法治理念。此外，生态林的设立为东莞市深入探索多元化的替代生态环境修复方式提供了重要的场地条件保障，东莞市可以在此基础上为不同类型自然环境、生态系统提供多种修复选项，可以探索的方式包括：①生态服务，包括购买碳汇、增殖放流、补植复绿、水面打捞、湿地维护等；②生态工程建设，包括河道修复、绿化提升、农业污染治理等；③劳务代偿，包括护林员、志愿者等；④污染防治工程提升改造，如由企业对其污染防治设施进行升级改造，通过提升工艺的方式，减少污染物排放量，以此来折抵企业对环境造成的损害等。

4.6 茂名市

4.6.1 制度建设情况

茂名市主要制度成果如下：《茂名市生态环境损害赔偿制度改革实施方案》（2019 年）、《茂名市加快推进生态环境损害赔偿工作实施方案》（2021 年）、《关于在生态环境保护工作中加强协作配合的实施意见》（2021 年）、《茂名市生态环境局 茂名市自然资源局 茂名市水务局 茂名市农业农村局 茂名市林业局 茂名市住房和城乡建设局生态环境损害赔偿案件磋商工作程序》（2022 年）、《茂名市生态环境部门环境案件违法责任与生态环境损害责任"一案双查"实施办法（试行）》（2023 年）、《关于研究环境资源司法审判

---

① 东莞市生态环境局：《2024 年度东莞市生态环境大事记》，2025 年 1 月 20 日，https://dgepb.dg.gov.cn/zwgk/hbdsj/content/post_4331491.html。

与生态环境损害赔偿衔接工作会议纪要》（2023 年）、《茂名市生态环境损害案件简易鉴定评估与磋商程序规定（试行）》（2024 年）、《茂名市水务局生态环境损害赔偿工作实施方案》（2024 年）等。

茂名市生态环境损害赔偿制度建设的典型做法有以下几点：

一是统筹多部门分工合作，制度改革走深走实。人民法院、检察机关与生态环境等职能部门同为开展环境公益诉讼和生态环境损害赔偿等生态环境保护工作的重要支点，在办理案件全程需要各方明确自身职责，保持信息高度互通、共享，在职责范围之内做好协助工作。茂名市在《关于在生态环境保护工作中加强协作配合的实施意见》（2021 年）中对三方生态环境保护职责进行明确分工，其中生态环境部门在职责范围内负责生态环境和资源保护行政执法、代表赔偿权利人开展生态环境损害赔偿工作，人民法院依法负责审理生态环境和资源保护领域案件、生态环境损害赔偿案件和生态环境损害赔偿协议司法确认案件，人民检察院负责生态环境损害赔偿、生态环境和资源保护的法律监督工作，对不履行或怠于履行代表赔偿权利人主张生态环境损害赔偿权利，造成国家和社会公共利益受到侵害的相关职责部门依法进行法律监督。此外，检察机关对不属于生态环境损害赔偿制度适用范围的、破坏生态环境和资源保护、损害国家利益或社会公共利益的行为，依法提起民事公益诉讼。此外，在《关于研究环境资源司法审判与生态环境损害赔偿衔接工作会议纪要》（2023 年）中，茂名市强调打好法治、政策“组合拳”，为市法院、检察院、财政局、生态环境局等部门制定工作目标，下达任务书。茂名市高位统筹，加上多方密切配合，最大限度确保生态环境损害赔偿工作与环境民事公益诉讼等生态环境保护工作在实处“见真章”。

二是细化生态环境损害赔偿责任兜底条文，优化办案制度“抓手”。《茂名市生态环境损害赔偿制度改革实施方案》（2019 年）在省级规定的基础上，针对“发生其他严重影响生态环境后果的情形”作出进一步明确规定：①非法排放、倾倒、处置有放射性的废物、含传染病病原体的废物、有毒物质（包括危险废物、持久性有机污染物、含重金属的污染物和其他具有毒性、可能污染环境的物质），对生态环境造成严重损害的案件；②环境污染或生态破坏，造成基本农田、防护林地、特种用途林地 2 亩[①] 以上，其他农用地 5 亩以上，其他土地 10 亩以上基本功能丧失，以及致使森林或者其他林木死亡 50 m^3 以上，或者幼树死亡 1 000 株以上的案件；③矿山开采、河道采砂、水资源开发、交通道路及水利工程建设和其他建设项目未依法落实生态环境保护措施，导致严重环境污染或者生态破坏的案件；④非法采伐、毁坏珍贵树木或者国家重点保护的其他植物，盗伐、滥伐森林或者其他林木，导致林业资源遭受严重破坏的案件；⑤非法捕捞水产品、非法猎捕、杀害珍贵、濒危野生动物，导致野生动物资源遭受严重破坏的案件；⑥环境污染或生态破坏，造成经过认定的湿地自然状态改变、生态特征及生物多样性明显退化、湿地生态功能严重损害的案件；⑦其他造成生态环境损害、具有较大社会影响的，赔偿权利人及其指定的部门或机构认为有必要追究赔偿责任的案件。上述具体规定涉及生态环境、自然资源、林业等多个办案职能部门，解决了职能部门在办案过程中缺少具体"抓手"的问题，为开展索赔工作指明了方向。

三是多部门共建高效生态环境损害赔偿磋商程序。《茂名市生态环境局 茂名市自然资源局 茂名市水务局 茂名市农业农村局 茂名市林业局 茂名市住房和城乡建设局生态环境损害赔偿案件磋商工作程序》（2022 年）由多个承办案件的职能部门统一印发，以列举的方式对承办部门在生态环境损害赔偿案件磋商工作中的责任作出要求，具体包括就生态环境损害赔偿案件与赔偿义务人进行磋商、承办案件所涉全部生态环境损害要素的磋商，就赔偿协议向人民法院申请司法确认、向人民法院提起生态环境损害赔偿诉讼、向人民法院申请强制执行、承办案件的信息公开、配合人民检察院进行刑事诉讼等 7 项工作。7 项工作职责内容翔实，包括但不限于磋商工作，还涉及司法确认、强制执行、信息公开等重要步骤，进一步深化承办部门对磋商工作重要性的认识。此外，该工作程序针对个案中赔偿义务人实际情况对其承担赔偿责任的轻重作出区分，对积极参与生态环境损害赔偿磋商，并及时履行赔偿协议、开展生态环境修复的赔偿义务人，案件承办部门应当在

① 1 亩≈666.7 m^2。

对其作出行政处罚、实施行政强制措施时予以考虑从轻处理，或可以在配合公安机关侦查案件、人民检察院提起公诉、人民法院审理案件时向司法机关提出不予追究、从轻刑事责任建议书。赔偿义务人有非法干预、提供虚假材料或者串通作弊等影响生态环境损害赔偿磋商进行的违法行为的，应当固定相关证据，并可立即停止磋商活动，依法处理。案件承办部门可根据该项规定鼓励赔偿义务人积极履行责任，对主观恶性较大、弄虚作假干扰办案的赔偿义务人依法追究其责任，最大限度避免案件“久磋不决”，提高案件磋商过程整体质效。

4.6.2　案件办理情况

截至 2024 年 12 月，茂名市共办理生态环境损害赔偿案件 31 宗，约占全省案件总数（983 宗）的 3.15%，案件数量在广东省 21 个地市中排第 12 位。其中 20 宗案件已结案，通过磋商方式结案 15 宗，磋商不成通过诉讼结案 4 宗，终止办理 1 宗，结案率 64.52%，低于全省平均数据（81.38%）。11 宗未办结案件中，3 宗为 2021 年启动索赔案件，1 宗为 2022 年启动索赔案件，4 宗为 2023 年启动索赔案件，3 宗为 2024 年启动索赔案件；从未办结案件办理部门来看，5 宗由自然资源部门办理，3 宗由生态环境部门办理，2 宗由水务部门办理，1 宗由林业部门办理。

在案件办理部门方面，茂名市 18 宗案件由生态环境部门办理，6 宗案件由自然资源部门办理，3 宗案件由水务部门办理，3 宗案件由农业农村部门办理，1 宗案件由林业部门办理；在案件类型方面，茂名市办理违法排放水污染物类案件共 11 宗，办理非法倾倒、处置固体废物、危险废物类案件共 10 宗，办理非法采矿、采砂类案件共 7 宗，办理非法占用农田、砍伐林木类案件 3 宗。

由上可知，茂名市生态环境、自然资源等多个职能部门高度参与生态环境损害索赔工作，案件类型较为丰富，案件数量、结案率在全省处于中游水平，未办结案件类型主要为非法采矿、采砂等生态破坏类案件。通过加快生态环境损害赔偿制度建设，茂名市案件办理质效在 2023 年、2024 年取得一定进步。

从涉案金额上看，茂名市涉案金额超 500 万元的案件共 2 宗，均为非法采矿、采砂类案件，其中1宗通过磋商方式结案，1宗通过诉讼方式结案；从年度推进上看，茂名市2020年办理1宗案件，2021年共办理7宗案件，2022年共办理2宗案件，2023年共办理10宗案件，2024年共办理11宗案件。

《茂名市生态环境损害案件简易鉴定评估与磋商程序规定（试行）》（2024年）印发后，茂名市在办好“大案要案”的基础上，积极对损害事实简单、责任认定无争议、损害较小的生态环境损害案件开展索赔工作。在违法排放废水类案件中，单一污染物超标排放类案件不在少数，例如医疗废水出现粪大肠菌群数超标等情况。2024年2月，茂名市生态环境局对茂名市电白区某医院进行检查，并委托第三方检测机构对该医院废水总排放口外排废水进行采样检测；后期检测结果显示该医院废水总排放口外排废水粪大肠菌群数为 2.3×10^{6} 个/L，超过了排污许可证许可的排放限值（5 000个/L），预计需行政处罚40万元，并存在生态环境损害的可能性。为查明案件可能造成的生态环境损害情况，茂名市生态环境局第一时间对该案件开展环境案件违法责任与生态环境损害责任“一案双查”工作。经研判，该案属于损害事实简单、责任认定无争议、损害较小的生态环境损害案件，可适用简易鉴定评估程序。为尽快追究电白区某医院（赔偿义务人）损害修复责任，茂名市生态环境局多次与电白区某医院进行沟通，耐心讲解政策规定，并明确积极配合损害赔偿和修复工作可以减轻行政处罚的有利条件，最终与该医院协商一致采用简易程序开展该案索赔工作。经过委托专家鉴定、签订磋商协议等环节，该案仅历经16天就完成了生态环境损害赔偿，赔偿义务人向市级国库缴纳了14 091.91元赔偿金。在该案索赔过程中，鉴定评估费用由赔偿义务人直接支付，避免了由政府委托资质机构开展鉴定评估的高额垫支费用，同时大大减少了普通程序下的申请启动、鉴定评估、磋商、诉讼等环节的时间，实现了生态环境损害赔偿工作中的时间和资金成本“双下降”。

第 5 章 存在的问题与解决思路

广东省通过 8 年的生态环境损害赔偿改革制度实践，大批案例的实践和宣传有效推动了“环境有价，损害担责”理念普及，基本扭转了“企业污染，群众受害，政府买单”的局面。虽然制度改革实践成效显著，但是对照“责任明确、途径畅通、技术规范、保障有力、赔偿到位、修复有效”的改革目标，还存在需要提升的空间。本章将从生态环境损害赔偿地方立法缺位等 8 个方面对存在的问题和解决思路进行分析，以期为广东省制度和实践水平的提升提供参考。

5.1 生态环境损害赔偿地方立法缺位

5.1.1 问题探讨

《中华人民共和国民法典》将生态环境损害赔偿的改革成果上升为国家基本法律，从实体法层面确立了生态环境损害赔偿的法律制度。[1] 但值得注意的是，《中华人民共和国民法典》第一千二百三十四条和第一千二百三十五条仅

---

① 孙佑海等:《生态环境损害赔偿立法研究》，北京：中国社会科学出版社，2023 年版，第 17 页。

规定生态环境损害赔偿的请求权和赔偿范围，《中华人民共和国固体废物污染环境防治法》尽管有规定磋商制度，但较为简略而且仅限于固体废物类案件。由于生态环境损害赔偿专门立法的缺位，实践中大量的实体和办案程序问题仅能寻求司法解释和政策帮助，使得生态环境损害赔偿制度长期处于“被解读”“被探索”的状态，基层在摸索中办案伴随的行政风险不能被忽视。另外，实践中面临的生态环境损害赔偿诉讼和民事公益诉讼交叉重合、磋商和赔偿协议的法律性质等难点都难以通过制度文件根本性地化解，需要生态环境损害赔偿专门立法予以明确。值得注意的是，广东省的省级地方性法规尚无生态环境损害赔偿相关规定，使得生态环境损害赔偿工作仅能根据法律、司法解释和政策文件实行，适宜本地的办案规则层级较低，在生态环境损害赔偿诉讼中效力有限。

5.1.2 解决思路

《全国人大常委会2021年度立法工作计划》明确提出“研究启动环境法典、教育法典、行政基本法典等条件成熟的行政立法领域的法典编纂工作”[①]，《全国人大常委会2024年度立法工作计划》将生态环境法典列为初次审议的法律案。[②]生态环境法典的编纂可以对现行法进行查漏补缺和制度创新，[③]在生态环境法典编纂中对《中华人民共和国民法典》第一千二百三十四条和第一千二百三十五条进行细化是解决生态环境损害赔偿专门立法缺位的重要解决途径。值得注意的是，由于生态环境法典承担着“真正实现以生态整体保护和全面可持续发展为指向的系统性融合”立法任务，对生态环境损害赔偿制度的规定无法像《生态环境损害赔偿管理规定》《关于深入推进生态环境损害赔偿制度改革若干具体问题的意见》一般细致。江苏、浙江、福建等省份的生态环境保护地方性法规均将生态环境损害赔偿制度纳入其中；江苏省南

---

① 全国人民代表大会:《全国人大常委会2021年度立法工作计划》，载中国人大网 http://www.npc.gov.cn/npc/c2/c30834/202104/t20210421_311111.html。

② 全国人民代表大会:《全国人大常委会2024年度立法工作计划》，载中国人大网 http://www.npc.gov.cn/npc/c2/c30834/202405/t20240508_436982.html。

③ 吕忠梅:《环境法典编纂论纲》，载《中国法学》2024年第2期，第25-47页。

通市出台全国首部生态环境损害赔偿专项地方性法规《南通市生态环境损害赔偿程序规定》，更是将生态环境损害赔偿工作程序细化，有效巩固了实践的法规基础，其立法经验值得参考。建议在生态环境法典出台后，在生态环境法典关于生态环境损害赔偿规定的基础上，结合广东省实际进一步增加实践需要的内容，为办案部门解决办案难点提供法规支撑。

5.2　生态环境主管部门“单打独斗”局面未根本改善

5.2.1　问题探讨

根据生态环境部 2024 年 10 月在全面推进美丽中国建设律师生态环境法律能力提升班上公布的数据，2018 年至 2024 年 8 月底，全国 74.80% 的生态环境损害赔偿案件由生态环境部门办理。广东省的该比例则更高，截至 2024 年 12 月，广东省超过 85% 的生态环境损害赔偿案件由生态环境主管部门办理。由于办案职责边界不清、缺乏办案动力等因素，部分具有办理生态环境损害赔偿案件职责的部门对于办理案件的积极性不高，部分应当启动索赔的案件线索未能及时转化为案件，已经启动索赔的案件办理质量也有待提升。

5.2.2　解决思路

明确办案职责，压实办案责任。明确生态环境、自然资源、住房和城乡建设、水利、农业农村、林业等负有办案职责的部门关于办理生态环境损害赔偿案件的职责，细化各自负责的案件类型，是压实办案责任的重要举措。如江西省在《关于贯彻落实生态环境损害赔偿管理规定的实施意见》中详细列举了七部门的办案职责，具体规定见表 5-1。

将部门案件办理情况纳入考核。《生态环境损害赔偿管理规定》要求“建立严考核、硬约束的工作机制”，值得注意的是，目前关于落实生态环境损害赔偿制度情况的考核责任集中在生态环境主管部门，其余负有办案职责的部门对于考核责任更多是“置身事外”的态度，导致缺少办案动力。对此，建议在设置考核指标时将负有办案职责的部门均纳入考核中，通过考核“指挥棒”压实办案责任。

表 5-1　江西省《关于贯彻落实生态环境损害赔偿管理规定的实施意见》关于办案职责的规定

部门	职责规定
生态环境	县级以上（含县级）生态环境部门组织对环境污染损害赔偿案件进行调查、鉴定评估、赔偿磋商、提起诉讼、修复监督等工作。
农业农村	县级以上（含县级）农业农村部门组织对涉及农业用地、渔业水域（含水产种质资源保护区）、水生生物资源、农牧渔产业等生态环境损害进行调查、鉴定评估、赔偿磋商、提起诉讼、修复监督等工作。
林业	县级以上（含县级）林业部门组织对林业生态环境（森林、林地、湿地、草地）、生物资源（陆生野生动物、林业部门管理的野生植物）以及其管理的自然保护地（国家公园、自然保护区、风景名胜区、森林公园、湿地公园等，但在自然保护地内进行非法采矿、修路、筑坝、建设造成的生态破坏的赔偿除外）、林木种质资源库等生态环境损害进行调查、鉴定评估、赔偿磋商、提起诉讼、修复监督等工作。
水利	县级以上（含县级）水利部门组织对河流、湖库等生态环境损害进行调查、鉴定评估、赔偿磋商、提起诉讼、修复监督等工作。
自然资源	县级以上（含县级）自然资源部门组织对涉及土地、矿产、地下水、地质遗迹范围内地质环境损害等生态环境损害进行调查、鉴定评估、赔偿磋商、提起诉讼、修复监督等工作。
住建、城管	县级以上（含县级）住建、城管部门组织对涉及垃圾处理厂和建筑施工扬尘、城镇生活污水处理厂的生态环境损害进行调查、鉴定评估、赔偿磋商、提起诉讼、修复监督等工作。

5.3　生态环境损害赔偿与检察公益诉讼的衔接待进一步加强

5.3.1　问题探讨

尽管《关于加强生态环境损害赔偿与检察公益诉讼衔接的意见》通过明

确检察机关与生态环境部门在开展生态环境损害赔偿工作中的互相通报和介入机制，推动生态环境损害赔偿制度与检察公益诉讼的有效衔接，解决了一部分的制度重叠问题。但是两制度在内容和目标上的重合难以通过制度文件加以解决，更深层次的制度整合需要通过立法得以实现，从而结合行政机关的监管及技术优势和检察机关的法律监督特长。相较于检察机关提起环境民事公益诉讼的免缴诉讼费，行政机关提起生态环境损害赔偿诉讼需要缴纳诉讼费，增加了提起诉讼的困难。此外，刑事案件同步开展生态环境损害赔偿工作时，行政机关在会见赔偿义务人、送达文书等方面均存在不便，亦不利于索赔的推进。

5.3.2　解决思路

在生态环境损害赔偿与检察公益诉讼制度功能趋于一致的背景下，《广东省生态环境损害修复移送政府部门监管办法（试行）》在修复衔接方面为打通行政机关与检察机关的办案壁垒提供了范例，相比于行政机关与检察机关泾渭分明地办案或仅在办案过程中互相支持，推动在办案阶段的互相移送是深层次打通两制度的必由之路。在生态环境法典编纂的契机之下，立足行政机关作为法律执行和检察机关法律监督的不同定位，基于生态环境损害赔偿优先于检察公益诉讼的原则，建议将目前制度探索的成果在广东省地方性法规中体现，细化 3 个案件办理重要阶段的案件移送规则。

一是在案件线索阶段，按照《人民检察院公益诉讼办案规则》和《关于加强生态环境损害赔偿与检察公益诉讼衔接的意见》的要求，规定检察机关在受理生态环境民事公益诉讼案件线索后，发现符合生态环境损害赔偿条件的，可以在公告时通报同级行政机关。同级行政机关未在检察机关公告期内函告的，视为不立案启动索赔程序，检察机关可以依法提起生态环境民事公益诉讼。

二是生态环境损害赔偿磋商与诉讼衔接阶段。允许对涉嫌构成破坏环境资源保护犯罪的案件开展生态环境损害赔偿工作时，由行政机关和检察机关共同与赔偿义务人开展磋商。对于磋商未达成一致的，或赔偿义务人未履行赔偿协议且未经司法确认的案件，允许在行政机关提起生态环境损害赔偿诉讼存在困难且检察机关同意情况下，行政机关将案件移送检察机关提起生态环境民事公益诉讼。

三是生态环境修复阶段。按照《广东省生态环境损害修复移送政府部门监管办法（试行）》规定，检察机关可将环境污染和生态破坏民事公益诉讼、刑事附带环境污染和生态破坏民事公益诉讼案件移送相关职责部门监督管理生态环境修复工作。

5.4 赔偿资金的管理模式和使用需求存在错位

5.4.1 问题探讨

《广东省生态环境损害赔偿工作办法（试行）》第三十四条规定，生态环境损害赔偿资金作为政府非税收入，应当按照赔偿协议或人民法院生效判决确定的金额，由赔偿义务人凭执收部门提供的非税系统缴款通知书上缴国库，纳入预算管理。该条明确了广东省生态环境损害赔偿资金管理“收支两条线”的原则，与《生态环境损害赔偿管理规定》第三十条关于仅生态环境损害无法修复的案件的生态环境损害赔偿资金作为政府非税收入管理的规定不一致，导致个案执收的赔偿资金难以用于个案修复，办案部门需要另行申请资金用于修复，进一步增加修复的难度。

另外，生态环境损害赔偿案件的发生具有潜伏性和偶然性，但是办案部门在案件办理过程中需要的损害鉴定评估费用、诉讼费用少则数万元，多则上百万元，办案部门在编制年度预算计划时难以确定次年办案的资金需要。近年来办案重心向县区乃至镇街下沉，基层政府由于财政困难缺乏案件办理的启动资金，而且案件磋商成功或者诉讼判决后，赔偿资金缴入损害结果发生地地级以上市国库，未能及时填补基层政府办案欠账，降低基层政府办案积极性。

5.4.2 解决思路

资金管理是长期困扰办案部门的难题，发挥生态环境损害赔偿资金“医保金”的作用也是学界近年来呼声较高的一个改革方向。对此，安徽省在 2024 年 7 月印发的《安徽省生态环境损害赔偿资金管理办法》中探索了在坚持“收支两条线”原则下，以“医保金”的模式管理生态环境损害赔偿资金。安徽省专设“1039915 生态环境损害赔偿资金”资金使用科目用于收缴生态环境损害赔偿资金，并明确生态环境损害赔偿资金统筹用于生态环境损害事件相关支出，提升生态环境损害赔偿资金使用的针对性和实效性，为优化资金管理模式提供了有益参考，具体规定见表 5-2。

表 5-2 《安徽省生态环境损害赔偿资金管理办法》重点条文

要点	具体规定
资金收缴	第六条　赔偿权利人负责生态环境损害赔偿资金使用和管理。生态环境损害赔偿资金作为政府非税收入，实行国库集中收缴，全额上缴本级国库，纳入一般公共预算管理。通过磋商议定的生态环境损害赔偿资金，由相关主管部门、机构负责执收；通过人民法院生效判决确定的生态环境损害赔偿资金，由人民法院负责执收。相关主管部门、机构、人民法院应在收到生态环境损害赔偿资金 15 个工作日内，按规定将资金缴入非税收入汇缴结算户。经人民法院生效判决上缴赔偿义务人预缴至人民检察院的生态环境损害赔偿资金，由人民检察院在收到生效判决的 15 个工作日内，按规定将资金缴入非税收入汇缴结算户。 生态环境损害赔偿资金收入列《政府收支分类科目》“1039915 生态环境损害赔偿资金”，以后年度根据政府收支分类科目修订情况列入相应科目。资金具体缴库办法按照财政部门非税收入收缴管理有关规定执行。
跨区域案件资金分配	第七条　损害结果发生地涉及多个地区的，由损害结果第一发生地赔偿权利人牵头组织地区间政府协商确定赔偿资金分配，无法达成一致的，报共同的上级人民政府决定。
资金统筹使用	第八条　生态环境损害赔偿资金统筹用于相应生态环境损害事件以下费用支出：（一）清除或控制污染费用。（二）生态环境修复费用及替代修复费用。（三）生态环境受到损害至恢复原状期间服务功能的损失补偿。（四）生态环境功能永久性损害造成的损失赔偿。（五）生态环境损害修复方案编制、生态环境损害修复后评估等合理费用。（六）调查取证、鉴定评估、环境监测、

续表

要点	具体规定
资金统筹使用	律师代理等必要费用。（七）法律法规规定用于生态环境损害修复的其他相关费用。 以上费用中发生在生态环境损害赔偿资金上缴前的，原则上由赔偿义务人先行支付，后期可在缴纳生态环境损害赔偿资金时进行清算。
地域使用	第九条　生态环境损害赔偿资金统筹用于在损害结果发生地开展的生态环境修复相关工作。
修复资金申请	第十条　生态环境修复相关支出纳入本级一般公共预算，按照预算管理有关规定执行。赔偿权利人指定的相关主管部门、机构应组织编制鉴定评估、生态修复等经费支出预算，向同级财政部门提交生态损害赔偿资金使用方案（含绩效目标）及相关文件资料，并对提供材料的真实性、合法性负责。财政部门要按规定程序审核批复支出预算，拨付资金。

5.5　生态环境损害显著轻微及损害较小的适用范围不明

5.5.1　问题探讨

《中华人民共和国民法典》和《生态环境损害赔偿管理规定》将生态环境损害赔偿案件的范围从《生态环境损害赔偿制度改革方案》规定的 3 种重大情形扩展至“对已造成生态环境损害的，应当及时立案启动索赔程序”。同时，《生态环境损害赔偿管理规定》第十八条第三款规定“环境污染或者生态破坏行为造成的生态环境损害显著轻微，且不需要赔偿的”作为启动索赔程序的除外情形；第二十条规定“对损害事实简单、责任认定无争议、损害较小的案件”可以采用专家意见、综合认定等形式开展损害调查，初步确立了案件繁简分流的办案思路。由于“已造成生态环境损害”的判定较为宽泛，一般环境污染或生态破坏行为均可能造成生态环境损害，但是由于办案资源有限，认定是否存在“造成的生态环境损害显著轻微”则成为判断生态环境损害赔偿案件的关键。但是由于现行文件尚未明确“造成的生态环境损害显著轻微”的认定标准，而“损害较小”的认定标准一般以损害程度和金额为界，需要根据本地实际加以确认。实践中办案部门对于生态环境损害赔偿案件线索启动索赔的标准存在困惑，对专家意见和综合认定的适用存在顾虑，不利于推动生态环境损害赔偿工作的常态化。

5.5.2　解决思路

《关于深入推进生态环境损害赔偿制度改革若干具体问题的意见》对显著轻微案件和简单案件的范围作了原则性和方向性的规定，为各地根据本地生态环境实际细化、量化两类案件的认定标准提供了方向性指引。《广西壮族自治区污染环境类违法案件生态环境损害显著轻微认定细则》从生态环境损害量化金额，违法排放水污染物，违法排放大气污染物，非法排放、倾倒一般工业固体废物 4 种情形规定“生态环境损害显著轻微且不需要赔偿”的认定规则，尤其是针对违法排放水污染物和违法排放大气污染物两种情形，从污染物种类、超标倍数、排放量三方面量化“生态环境损害显著轻微且不需要赔偿”的认定指标，可操作性较强，具体规定见表 5-3。建议参考该思路，基于量化思维和广东省实际，细化显著轻微案件和简单案件的范围，具体建议及理由见表 5-4。

表 5-3 《广西壮族自治区污染环境类违法案件生态环境损害显著轻微认定细则》重点条文

要点	具体规定
生态环境损害量化金额	第三条　经各设区市生态环境局法制部门估算，生态环境损害量化金额在 3 000 元以内的污染环境类违法案件。
违法排放水污染物	第四条　违法排放水污染物，且同时符合下列两个条件： （一）违法排放的水污染物不包含第一类污染物、有毒有害物质、放射性物质、重金属、病原体、持久性有机污染物； （二）废水中水污染物最大超标倍数不超过排污许可证或者环评批复排放浓度限值的 0.2 倍（5.5≤pH 值＜6.0 或者 9.0＜pH 值≤9.5），并且废水排放量在 1 000 吨以内。排污许可证与环评批复的排放浓度限值不一致的，按照排污许可证的排放浓度限值计算。

续表

要点	具体规定
违法排放大气污染物	第五条　违法排放大气污染物，且同时符合下列两个条件： （一）违法排放的大气污染物不包含第一类污染物、有毒有害物质、放射性物质、重金属、病原体、持久性有机污染物； （二）废气中大气污染物最大超标倍数不超过排污许可证或者环评批复排放浓度限值的 0.2 倍，并且最大超标倍数污染物的排放量在 0.1 吨以内。排污许可证与环评批复的排放浓度限值不一致的，按照排污许可证的排放浓度限值计算。
非法排放、倾倒一般工业固体废物	第六条　非法排放、倾倒一般工业固体废物（不含危险废物、放射性废物）数量在 10 吨以内。
除外情形	第七条　以下情形不适用于本细则： （一）在国家和省级主体功能区规划中划定的重点生态功能区、禁止开发区域以及饮用水水源保护地内发生的污染环境类违法案件； （二）重污染天气期间超标排放大气污染物的； （三）涉及监测数据弄虚作假的； （四）生态环境损害赔偿权利人或其指定的部门、机构认为不属于生态环境损害显著轻微的其他情形。

表 5-4　关于广东省显著轻微案件和简单案件范围的建议及理由

案件类型	案件范围	理由
显著轻微案件	赔偿义务人两年内首次因违法行为造成生态环境损害，未造成恶劣社会影响，并存在以下情形之一的，可以认定为“生态环境损害显著轻微且不需要赔偿”： （一）对于未涉嫌构成污染环境罪的环境违法行为，损害区域为一般区域，违法行为发生后立即整改且在 24 小时以内完成整改或污染清除的。 （二）在一般区域内非法堆放、倾倒一般工业固体废物（不含危险废物、放射性废物）数量在 10 吨以内且在违法行为发生之日起 5 日以内完成整改或污染清除的。	立足《关于深入推进生态环境损害赔偿制度改革若干具体问题的意见》关于显著轻微案件的判定规则，参考《广东省生态环境行政处罚自由裁量权规定》关于超标排放等类型案件的《罚款金额裁量表》的

续表

案件类型	案件范围	理由
显著轻微案件	（三）超过水污染物排放标准排放水污染物的，需要同时满足 4 项条件：1. 特征污染物超标排放 3 倍以内，且 2<pH<11；2. 仅属于《广东省生态环境行政处罚自由裁量权规定》（粤环发〔2021〕7 号）规定的 B 类水污染物超过排放标准；3. 损害区域位于一般区域；4. 超标废水排放总量在 50 吨以内。 （四）超过大气污染物排放标准排放大气污染物的，需要同时满足 5 项条件：1. 特征污染物超标排放 3 倍以内；2. 未排放《广东省生态环境行政处罚自由裁量权规定》（粤环发〔2021〕7 号）规定的 A 类大气污染物；3. 在非重污染天气预警期间；4. 损害区域位于一般区域；5. 超标排放的大气污染物数量在 0.1 吨以内。 （五）损害区域为一般区域，经办案部门或者鉴定评估机构、专家库专家或者专家委员会的专家估算，生态环境损害数额在人民币 3 000 元以内（不包括生态环境损害调查、鉴定评估等费用）的生态环境违法案件。 （六）属于广东省或地级以上市印发的不予行政处罚轻微违法行为目录中的不予处罚情节的。 （七）其他生态环境损害显著轻微的情形。	裁量权重指标，以 3 000 元作为显著轻微案件的判定界限，综合运用虚拟治理成本法倒推量化指标。
简单案件	（一）污染物排放量较小的：1. 废水累计违法排放量在 100 吨以内的；2. 在一般区域内非法堆放、倾倒一般工业固体废物（不含危险废物、放射性废物）数量在 50 吨以内的。 （二）适宜采用虚拟治理成本法、直接市场价值法等计算生态环境损害数额的，且生态环境损害数额在 30 万元以内（不包括生态环境损害调查、鉴定评估等费用）的生态环境违法案件。 （三）其他可认定为损害较小的情形。	立足《关于深入推进生态环境损害赔偿制度改革若干具体问题的意见》关于简单案件的判定规则，结合案件实际、运用虚拟治理成本法等计算方法倒推量化指标。

5.6 涉及多个赔偿义务人的案件磋商与诉讼衔接难

5.6.1 问题探讨

广东省多发的违法处置固体废物案件由于涉及产废方、处置方、介绍人、场地提供方等多方责任人，相较于其他类型的案件，赔偿义务人的数量较多。以广东省宣传的两批生态环境损害赔偿典型案例为例，两批共 23 宗案件中有 18 宗为违法倾倒或处置固体废物（含危险废物类案件），其中有 11 宗案件涉及两名及以上的赔偿义务人，具体情况见表 5-5。涉及多个赔偿义务人的生态环境损害赔偿案件中，磋商与诉讼的争议焦点之一是对外责任承担方式的选择以及内部责任划分的份额，[①]即各赔偿义务人对外连带还是按份承担责任，若是按份责任，各赔偿义务人承担的责任份额是多少。[②]

表 5-5 广东省两批生态环境损害赔偿典型案例的赔偿义务人情况

广东省生态环境损害赔偿典型案例（第一批）		
案例编号	案例名称	赔偿义务人
案例 1	肇庆市刘某、罗某倾倒危废污染生态环境损害赔偿案	刘某、罗某
案例 2	江门开平市某非法倾倒填埋场生态环境损害赔偿案	黄某、张某、余某、聂某、张某
案例 3	深圳市某生物工程有限公司倾倒化工品造成土洋河水体污染生态环境损害赔偿案	深圳市某生物工程有限公司
案例 4	广州市某药业有限公司非法倾倒固体废物生态环境损害赔偿诉讼案	某药业有限公司
案例 5	中山市某建筑工程公司超标排放水污染物生态环境损害赔偿案	广东某建筑工程有限公司

① 裲嘉慧、张路路、张志娇等：《多个赔偿义务人的生态环境损害赔偿责任承担实践研究：现状、困境与建议》，载《环境生态学》2023 年第 5 卷第 8 期，第 119-125 页。

② 韩德强：《环境资源纠纷案件裁判规则（一）》，北京：法律出版社，2021 年版，第 160-161 页。

续表

广东省生态环境损害赔偿典型案例（第一批）		
案例编号	案例名称	赔偿义务人
案例 6	广州市王某等人非法处置危险废物生态环境损害赔偿案	王某根、王某萍二人
案例 7	清远市清新区刘某固体废物非法倾倒污染生态环境损害赔偿案	刘某林
案例 8	广州市某五金塑料公司废水泄漏生态环境损害赔偿案	某五金塑料公司
案例 9	中山市某环保科技有限公司非法倾倒废水及污泥生态环境损害赔偿案	中山某科技环保有限公司
案例 10	东莞市某集团股份有限公司违法处置固体废物生态环境损害赔偿案	广东某集团股份有限公司
案例 11	中山市梁某非法处置危险废物生态环境损害赔偿案	梁某、李某、中山市某经济合作社、中山市某村民委员会
案例 12	佛山市某金属制品有限公司私设暗管排放有毒物质污染河涌生态环境损害赔偿案	佛山市某金属制品有限公司
案例 13	佛山市南海区孙某、程某非法处置危险废物生态环境损害赔偿案	孙某、程某、佛山市某合成革有限公司、佛山市某涂料有限公司、广东某新材料有限公司、佛山市意某新型材料有限公司、佛山市某建材科技有限公司
广东省生态环境损害赔偿典型案例（第二批）		
案例 14	广州市林某、李某非法堆积固体废物生态环境损害赔偿案	林某泽、李某彬
案例 15	韶关市乳源瑶族自治县某村违法倾倒固体废物生态环境损害赔偿案	东莞市某投资有限公司、某科技（东莞）股份有限公司、东莞市某环保股份有限公司、东莞市某工业污水处理有限公司、深圳市某电子科技股份有限公司、东莞市某洗漂厂、深圳市某技术股份有限公司及 10 人

续表

广东省生态环境损害赔偿典型案例（第二批）		
案例编号	案例名称	赔偿义务人
案例 16	河源市东源县 4 企业非法倾倒危险废物生态环境损害赔偿案	东莞市某实业投资有限公司、东莞市某五金制品有限公司、东莞市某五金有限公司、东莞市某五金塑胶制品有限公司、朱某林、朱某彬、赵某、曾某
案例 17	惠州市某公司矿场复绿工程生态环境损害赔偿案	广东省某复合肥有限公司
案例 18	肇庆市广宁县五和镇江布村委会某空地倾倒固废生态环境损害赔偿案	深圳市某钛金科技有限公司、深圳市某实业有限公司、惠州市某环保服务有限公司
案例 19	深圳市某建筑劳务公司非道路移动机械超标排放大气污染物生态环境损害赔偿案	深圳市某建筑劳务公司
案例 20	佛山市谢某、谢某某污染环境案	谢某、谢某某
案例 21	东莞市望牛墩黎某、谢某倾倒固体废物生态环境损害赔偿案	黎某、谢某
案例 22	清远市清新区马某非法倾倒危险废物污染环境生态环境损害赔偿案	马某
案例 23	云浮市李某非法倾倒固体废物生态环境损害赔偿案	李某

以案例 15 为例，该案涉及 12 家企业和 10 名个人，包括产废单位 7 家、固体废物处置单位 3 家、固体废物处置中间商 2 家，赔偿责任份额划分难度较大。经过四轮磋商，最后确定生态损害赔偿比例按照类别、重量折算，由产废单位、处置单位各承担 50% 的赔偿责任，签订生态环境损害赔偿协议后迅速缴纳赔偿金。2 家固体废物处置中间商及 10 名个人由于磋商未达成一致，由乳源瑶族自治县人民检察院提起民事公益诉讼。尽管本案由检察机关提起民事公益诉讼，但是可能出现一个难题，诉讼中若被告 2 家固体废物处置中间商及 10 名个人不认可磋商阶段对赔偿责任份额的划分方式，主张对生态环

境损害赔偿协议内约定的赔偿责任承担方式进行审查，会因相关审判规则的缺失而陷入两难境地。若审查，则已签订并被履行的生态环境损害赔偿协议可能被推翻；若不审查，则难以全面回应被告的主张。该难点源于生态环境损害赔偿制度所特有的创新点——磋商制度。对于磋商达成一致的产物——生态环境损害赔偿协议，学界对于其性质是行政协议还是民事协议莫衷一是，叠加涉及多个赔偿义务人的案件磋商与诉讼衔接规则的缺失，带来生态环境损害赔偿诉讼审判中的难题与争议。

5.6.2　解决思路

《最高人民法院关于审理生态环境损害赔偿案件的若干规定（试行）》第二十条规定了人民法院审查生态环境损害赔偿协议司法确认申请的要求，包括公告和内容审查两方面，其中内容审查针对：①协议的内容不违反法律法规强制性规定；②不损害国家利益、社会公共利益。该审查原则值得涉及多个赔偿义务人的磋商和诉讼衔接规则参考，若案件部分磋商成功，在生态环境损害赔偿诉讼中，仅磋商未达成一致的赔偿义务人作为被告，若被告主张不认可生态环境损害赔偿协议约定的责任承担方式和责任份额分配，则人民法院仅审查协议的内容是否违反法律法规强制性规定，以及是否损害国家利益、社会公共利益，兼顾赔偿协议的稳定性和审判的全面公平。

5.7　修复效果评估实施难

5.7.1　问题探讨

修复效果评估是保障案件办理质量的重要防线。《生态环境损害赔偿管理规定》第二十七条规定，赔偿权利人及其指定的部门或机构，应当组织对受损生态环境修复的效果进行评估，确保生态环境得到及时有效修复。《生态环境损害鉴定评估技术指南　总纲和关键环节　第 3 部分：恢复效果评估》

（GB/T 39791.3—2024）要求通过资料收集、现场踏勘和人员访谈对恢复过程进行评估，通过监测评估恢复目标完成情况，尤其是对土壤和地下水环境修复目标完成情况的评估，对数据批次和样品批次有着严格的规定。若严格按照《生态环境损害鉴定评估技术指南　总纲和关键环节　第 3 部分：恢复效果评估》开展恢复目标完成情况评估，容易导致事务性费用远高于生态环境损害费用的费用“倒挂”问题。

同时，由于评估修复目标完成情况所需要的监测布点数量、采样频次和时间等与修复效果评估费用紧密相关的指标难以在环境损害调查阶段完全确认，生态环境损害赔偿诉讼中原告难以主张未发生的费用。关于修复效果评估义务，若原告未细化修复效果评估所需的具体费用，则原告关于被告履行修复效果评估义务或承担有关费用的请求存在不被法院支持的风险。据笔者对生态环境损害赔偿改革进展报送系统数据的统计，截至 2024 年 8 月，广东省已判决的 39 宗生态环境损害赔偿诉讼案件中，仅（2023）粤 53 民初 97 号案的原告诉讼请求包含修复效果评估的内容，具体案件情况见表 5–6。该案中，原告关于涉案地块后续产生的土壤、地下水监测费用，以及对污染后果的生态环境损害赔偿及修复责任的诉讼请求，由于该部分费用未实际发生，法院未支持该诉讼请求。对于该案开展修复效果评估以及补充修复的费用，原告仅能通过另行起诉获得支持。

表 5–6　涉及修复效果评估诉讼请求的生态环境损害赔偿案件情况

诉讼案号	原告诉讼请求	判决结果
一审：（2023）粤 53 民初 97 号	①被告支付生态损害赔偿金 844 661.41 元；②涉案地块后续产生的土壤、地下水监测费用由被告承担，若经监测产生污染后果，被告对该部分生态环境损害承担赔偿和修复责任；③被告承担本案诉讼费。	法院认为涉案地块后续所产生的土壤、地下水监测费用未实际发生，以及造成的污染后果也未被监测，未支持原告诉讼请求 2。①被告支付生态环境损害赔偿款 832 661.41 元及律师费 12 000 元；②驳回原告其他诉讼请求。

5.7.2 解决思路

在工作程序的要求上，相较于生态环境损害鉴定评估主要针对生态环境损害和生态环境现状，修复效果评估增加了对修复过程的评估，关注修复方案中修复措施的落实情况，但是生态环境损害鉴定评估和修复效果评估均以“生态环境受损前的基线水平或者生态环境风险可接受水平”为确定生态环境损害存在和消除的尺度，故在流程简化上的思路相似。建议参考生态环境损害调查的繁简分流思路，区分重大案件和一般案件的修复效果评估工作要求，重大案件要严格按照《生态环境损害鉴定评估技术指南　总纲和关键环节　第 3 部分：恢复效果评估》的规定开展修复效果评估，一般案件可以参考《关于深入推进生态环境损害赔偿制度改革若干具体问题的意见》列举的 3 种可以不开展修复效果评估的情形，简化修复效果评估工作。值得注意的是，《关于深入推进生态环境损害赔偿制度改革若干具体问题的意见》的规定偏原则性，需要结合技术标准对可以不开展修复效果评估的情形进行细化，具体建议见表 5-7。

表 5-7　关于简化修复效果评估的规则建议

《关于深入推进生态环境损害赔偿制度改革若干具体问题的意见》规定可以不开展修复效果评估的情形	细化可以不开展修复效果评估的情形建议	理由
符合以下情形之一的，可以不组织开展修复效果评估： （一）相关监测报告、验收报告、调查报告等已形成的报告，包括了修复情况的内容，且可以满足修复效果评估需要的； （二）以劳务代偿方式承担生态环境损害责任的； （三）其他可以不组织开展修复效果评估的情形。	符合以下情形之一的，可以不组织开展修复效果评估： ①案件的鉴定评估报告明确，经应急处置、代履行等清理修复工作，涉案生态环境已恢复至生态环境受损前的基线水平或者生态环境风险可接受水平的； ②相关监测报告、验收报告、调查报告等已形成的报告，包括修复方案实施情况和修复目标完成情况等内容，而且能证明涉案生态环境已修复至生态环境受损前的基线水平或者生态环境风险可接受水平的； ③以劳务代偿、法制宣传等方式承担生态环境损害赔偿责任的； ④其他可以不组织开展修复效果评估的情形。	立足修复效果评估的两个主要环节（修复过程评估和修复目标达成情况评估），将受损生态环境修复到位的两个衡量标准（已恢复至生态环境受损前的基线水平或者生态环境风险可接受水平）嵌入其中，并将劳务代偿、法制宣传等未实际对生态环境产生影响的替代修复方式排除。

5.8 信息共享不够及时

5.8.1 问题探讨

信息共享是《生态环境损害赔偿管理规定》要求的工作原则之一，是部门间横向衔接和上下级机关间纵向衔接的工作要点，也是对齐办案“颗粒度”、避免信息差导致案件办理进度滞后或者“重复劳动”的重点。实践中，信息共享不够及时的问题主要体现在重大案件办理层面。基层关于重大案件线索的信息仅通过每年两次的案件线索清单征集工作报送，案件办理进展的更新由办案部门自主决定，案件办理的最新进展未能及时报告省级、市级生态环境部门，使得省级、市级生态环境部门未能及时对重大案件的启动情况、办理进展、修复效果进行督办，不利于重大案件办理质量和效能的提升。

5.8.2 解决思路

《关于深入推进生态环境损害赔偿制度改革若干具体问题的意见》要求各省级、市级生态环境部门应当发挥牵头指导作用，统筹推进本地区线索筛查整体工作，定期汇总分析线索筛查情况和有关工作进展，做好信息共享。建议省级、市级生态环境主管部门在《关于深入推进生态环境损害赔偿制度改革若干具体问题的意见》规定的基础上，从金额、情形等方面进一步细化重大案件的范围，并要求基层在发现或者接到重大案件线索后的30日内将线索情况和有关材料及时报送省级、市级生态环境主管部门，以便基层准确识别重大案件后尽快共享案件信息。同时，建议细化案件办理各环节中办案部门和督办单位的信息共享要求，以便省级、市级生态环境部门对案件办理各环节的督办，具体建议见图5-1。

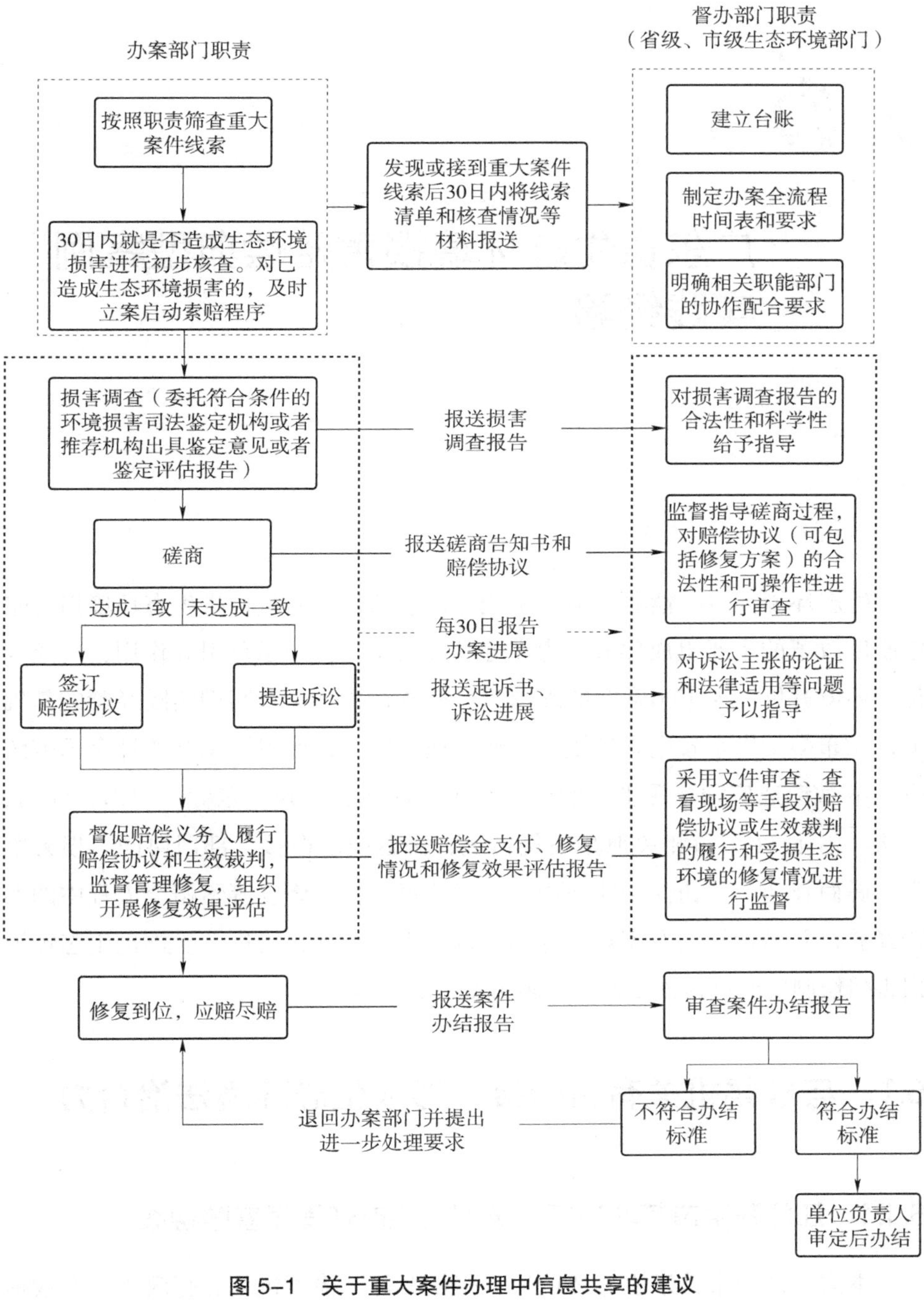

图 5-1　关于重大案件办理中信息共享的建议

第6章 广东省生态环境损害赔偿典型案例实践经验

生态环境损害赔偿典型案例实践经验总结是高质量推进生态环境损害赔偿制度改革的重要组成部分。为充分发挥典型案例的示范引导作用，广泛宣传“环境有价，损害担责”的理念，广东省在提炼本省案例实践经验的基础上，发布多批广东省生态环境损害赔偿典型案例，取得了良好的社会示范效应。本章精选广州、深圳、佛山、韶关、河源、惠州、东莞、中山、江门、肇庆、清远 11 个市相关典型案例情况，涵盖两法衔接、部门协同、损害鉴定、磋商技巧、惩罚性赔偿适用、修复监督、替代修复等索赔全流程中的实践经验，并邀请知名专家对案件办理过程进行点评，为进一步推进生态环境损害赔偿制度改革提供多方面、多角度的实践借鉴。

6.1 与检察机关有机衔接，形成生态环境法治合力

6.1.1 江门开平市某非法倾倒填埋场生态环境损害赔偿案

本案是江门市首宗生态环境损害赔偿案件，检察机关和行政机关有效衔

接，成功破解了以往“企业污染、群众受害、政府买单”的困局，促使受损生态环境得到及时有效修复。

（1）线索来源

2018 年 8 月，开平市环境保护局（现江门市生态环境局开平分局）在执法过程中发现，梁某为谋取更多经济利益，擅自改变其租赁的位于龙胜镇白村的山地及水田用途，设置非法固体废物填埋场，在未做任何防渗、防漏处理的情况下，为涉案企业提供非法倾倒工业固体废物和未经处理的生活垃圾的场地。为防止事情败露，梁某在入口设置铁闸门，不让村民进入。由于梁某涉嫌构成破坏环境资源保护犯罪，开平市环境保护局于同月将该案件移交公安机关处理。

（2）调查评估

2018 年 10 月，开平市环境保护局委托广东省环境科学研究院开展该案件环境损害评估工作。经广东省环境科学研究院鉴定评估，倾倒的固体废物总量约 4.2 万 m^3，受污染土壤总量约 679 t，生态环境损害修复费用约 500 万元。

（3）磋商情况

2018 年 11 月，梁某等人涉嫌污染环境罪一案被移送至开平市人民检察院审查起诉。2019 年 3 月，开平市人民检察院就该案相关生态环境修复赔偿工作向上级请示，得到的答复是：该案属于生态环境损害赔偿案件范围，市地级政府及其指定的部门或机构可作为赔偿权利人，与赔偿义务人进行赔偿磋商或诉讼。同年 4 月，江门市人民检察院主动与江门市生态环境局沟通协调，移送该案生态环境损害赔偿案件线索。同年 6 月，赔偿权利人江门市人民政府指定江门市生态环境局办理本案的生态环境损害赔偿工作。同年 7 月，在江门市、开平市两级检察机关和龙胜镇政府的共同支持下，江门市生态环境局与赔偿义务人签订生态环境损害赔偿磋商协议。

（4）修复情况

为确保受损生态环境修复工作的顺利进行，开平市人民检察院、江门市生态环境局逐一督促赔偿义务人尽快将赔偿费用缴纳到位，并多次到现场对环境修复工作进行监督。最终，该案件根据第三方编制的修复方案，对涉案固体废物进行了清运处置，对污染土壤开展了修复工作。

（5）经验启示

坚持恢复性司法理念，以“检察蓝”守护“生态绿”。案件办理初期，涉案企业对此不理解并拒绝承担责任。办案人员围绕案件事实、证据、程序及法律适用等问题释法说理，同时指出他们认知上的误区：涉案企业在明知梁某没有专业处理资质的情况下，仍长期将固体废物委托其进行处置，存在共同故意情节，其行为已损害了社会公共利益，不仅要承担刑事责任，还要承担民事责任。最终，涉案企业承诺支付生态环境损害赔偿费用。

坚持修复优先理念，履职有“力度”更有“温度”。属地政府的提前介入是受损环境及时有效修复的关键。龙胜镇政府在侦查阶段即主动委托相关评估单位实施生态环境损害鉴定评估和填埋场环境整治修复评估，磋商协议签订后随即快速启动了修复工作。生态环境部等单位联合印发的《关于推进生态环境损害赔偿制度改革若干具体问题的意见》（环法规〔2020〕44 号）对鼓励赔偿义务人积极担责作出规定：“对积极参与生态环境损害赔偿磋商，并及时履行赔偿协议、开展生态环境修复的赔偿义务人，赔偿权利人指定的部门或机构可将其履行赔偿责任情况提交司法机关，供其在案件审理时参考。”该案涉及多个赔偿义务人，磋商过程中，赔偿义务人结合自身赔偿能力以及委托倾倒固体废物的数量，主动提出自愿支付的赔偿金额，鉴于其有悔罪表现，开平市人民检察院依法提出从轻处理的建议。

（6）专家点评

本案的成功办理，是检察机关和行政机关共同有效衔接公益诉讼制度与生态环境损害赔偿制度，充分运用政治智慧、法律智慧、监督智慧，凝聚生态环境保护合力的集中体现。

生态环境损害赔偿工作涉及面广、专业性强、工作要求高、案件推动难度大，需要多方协调配合、共同推进。本案中，检察机关主动与生态环境部门对接案件线索，生态环境部门与市县两级检察机关以及镇政府共同沟通研究案情，赔偿协议签订后，基层政府对场地实施环境整治、修复工作。生态环境部门、检察机关、镇政府紧密协作形成巨大合力，最终推动了受损环境及时清理和修复。本案是积极探索“政检共治、多方协同”的典型案例，对形成更强的生态治理法治合力具有参考价值。（暨南大学法学院副教授　邱新）

6.1.2 清远市清新区刘某固体废物非法倾倒污染生态环境损害赔偿案

本案是该市首宗经磋商达成生态环境损害赔偿协议的案件，对当地生态环境损害赔偿改革工作具有重要的促进意义。

（1）线索来源

2017 年 9 月，刘某雇用工人和挖掘机清挖广州市从化区某镇一水塘内的固体废物，同年 12 月将包装后的固体废物运至清远市清新区某镇一空地，并在没有采取相应防护措施的情况下，进行露天晾晒。2018 年 2 月，清远市清新区环境保护局进行执法检查时发现该违法行为。经查明，该固体废物属于危险废物，刘某未取得危险废物经营许可资质，且该晾晒点位于饮用水水源一级保护区陆域保护范围内。

（2）调查评估

2018 年 4 月，清远市清新区环境保护局委托第三方公司清运危险废物共 291.92 t。经广东省环境科学研究院鉴定评估，该案件造成的环境污染损害数额总计 77 万余元。

（3）磋商情况

2020 年 8 月，清远市清新区环境保护局在清新区人民检察院支持下，与刘某家属开展生态环境损害赔偿磋商，其家属表示愿意作为担保人签订协议，共同承担赔偿责任。2021 年 4 月，刘某及其家属已按时支付相关费用并通过市级以上新闻媒体公开赔礼道歉。

（4）经验启示

吹响“先锋号”，创新索赔工作机制。本案是清远市生态环境部门首次与检察机关共同开展生态环境损害赔偿实践探索，也是首次尝试将当事人履行生态环境损害赔偿责任的情况作为量刑情节以及要求当事人登报道歉等做法，对清远市生态环境损害赔偿制度走向常态化、规范化具有重要意义。

画好“同心圆”，合力推动案件办理。清远市生态环境部门对赔偿义务人及其家庭的经济状况进行分析，研判其损害担责能力及分期赔付的可行性，在检察机关协助下召开磋商会议并促成了生态环境损害赔偿协议的签订，有效提高赔偿义务人履行赔偿责任的积极性。

（5）专家点评

本案的成功办理，有利于扭转“企业（个人）污染、群众受害、政府买单”的不合理局面。此案表明当地生态环境部门与检察机关建立了良好的衔接机制，两单位协同合作、密切联动，推动生态环境损害赔偿磋商工作顺利开展。检察机关及时介入，并将赔偿义务人履行生态环境损害赔偿义务情况作为追究刑事责任的量刑情节予以考量，对当事人履行生态环境损害赔偿责任起到了较好的促进作用，使赔偿义务人更积极地缴纳赔偿金并在市级以上媒体公开道歉，起到了“处置一个、警示一批、教育一片”的宣传教育作用。

（广东正平天成律师事务所律师　朱雁）

6.1.3　韶关市乳源瑶族自治县某村违法倾倒固体废物生态环境损害赔偿案

本案是典型的涉及多个赔偿义务人的生态环境损害索赔案件。针对与部分赔偿义务人磋商未能达成一致的情况，生态环境部门将案件移交检察机关提起环境民事公益诉讼，探索了生态环境损害赔偿制度与检察公益诉讼制度衔接的新路径。

（1）线索来源

2021 年 2 月和 3 月，韶关市生态环境局乳源分局根据群众投诉，对乳源瑶族自治县地块一和地块二开展现场检查，发现两地块堆放大量工业固体废物，且未采取污染防治措施，散发刺激性气味。韶关市生态环境局乳源分局、属地政府和村委联合将两地块堆放的固体废物转移至某厂区内应急贮存。

（2）调查评估

经调查，两地块涉案固体废物涉嫌由同一团伙违法堆放，涉及企业 12 家以及人员 10 人。经鉴定，涉案两地块违法倾倒的固体废物总计 2 900 余 t，其中危险废物 30 余 t。生态环境损害量化数额合计 382.82 万元。

（3）磋商及诉讼情况

为公平、公正、合理划分生态环境损害责任和赔偿金额，韶关市生态环境主管部门积极与公安、检察机关沟通，根据案件证据确认各赔偿义务人在案件中扮演的角色以及对损害结果所起的作用，定责定额。韶关市人民政府指定乳源瑶族自治县政府开展磋商工作。经过四轮磋商，2022 年 4 月，乳源瑶族自治县人民政府与部分涉案企业签订生态环境损害赔偿协议。磋商未能达成一致的涉案企业和人员由乳源瑶族自治县人民检察院提起环境公益诉讼。

（4）修复及赔偿情况

磋商达成一致的企业已按要求履行协议，生态环境损害赔偿金额已全部缴纳至乳源瑶族自治县国库。因涉案地块无须进行修复，生态环境主管部门联合属地镇政府对污染地块进行了表层铲土，铲除的土壤一并作为工业固体废物进行处置，相关费用已纳入赔偿协议。

（5）经验启示

密切合作，探索损害赔偿与公益诉讼衔接新路径。涉及多个赔偿义务人的生态环境损害赔偿案件，部分磋商成功是实践中可能发生但又相对复杂的一种情形，难点在于做好磋商与诉讼的衔接，及时对未达成协议的赔偿义务人提起诉讼。本案中，办案单位会同属地政府及村委及时将涉案固体废物清理处置，有效降低环境风险；通过调查对生态环境损害价值量化，并划分各赔偿义务人需承担的责任后开展磋商；对于磋商未能达成一致的企业和人员，由检察机关提起环境民事公益诉讼，探索了生态环境损害赔偿与检察公益诉讼制度衔接的新路径。检察机关提起环境民事公益诉讼具有法律方面的优势，对于环境风险已经得到有效控制、只需要依法赔偿生态环境损害赔偿范围内的相关费用的案件，尤其是涉及多个赔偿义务人、法律关系复杂的案件，探索由检察机关提起诉讼，通过行政机关和检察机关的密切配合，有利于全面追究涉案单位和个人的生态环境损害赔偿责任。

（6）专家点评

本案是涉及多个赔偿义务人的生态环境损害赔偿案件，涉案企业 12 家、人员 10 人，办案部门通过积极沟通公检机关、详细确认与责任划分有关的案件事实，最终合理划分赔偿责任，使得赔偿义务人对责任的划分满意，从而有力推进磋商的成功和受损生态环境的恢复。（广东省人民检察院三级高级检察官　晏恒）

6.1.4　佛山市谢某、谢某某违法倾倒危险废物生态环境损害赔偿案

本案是一宗典型的违法倾倒危险废物引发的生态环境损害赔偿案件。接到案件线索后，生态环境部门当天即组织开展应急处置，次日扣押涉案车辆、委托开展固体废物属性鉴别，与检察机关密切合作稳步推进损害调查和磋商工作，有力贯彻落实“环境有价、损害担责”的要求。

（1）线索来源

2021 年 5 月，佛山市生态环境局接到市民投诉，在禅城区某高速高架桥下的雨水渠发现不明油污物质。经查，谢某受谢某某委托收运工地泥浆，转运泥浆前，谢某发现所租用车辆内有不明油污物质，二人合计由谢某将车内不明油污物质倾倒至雨水渠内。佛山市生态环境局当天即委托第三方公司开展应急处置，清理已倾倒的不明油污共 17.57 t。

（2）调查评估

经鉴定，涉案油污具有毒性超标的危险特性，为危险废物。经评估，该案环境损害数额总计 25.39 万元。

（3）磋商情况

2021 年 11 月，佛山市生态环境局会同检察机关组织召开磋商会议。经磋商，两名赔偿义务人同意共同承担生态环境损害赔偿责任，佛山市生态环境局与赔偿义务人签订赔偿协议。

（4）修复及赔偿情况

由于应急处置及时，经佛山市禅城区环境监测站 2021 年 5 月 19 日采样监测，不明油污造成的环境影响已基本消除。

（5）经验启示

紧密合作，形成法治合力。佛山市生态环境局在启动生态环境损害赔偿磋商程序前，及时将有关情况通报检察机关，商请检察机关开展支持磋商工作。检察机关通过派员参与磋商、提供法律意见建议等方式支持磋商，并监督磋商结果是否公平合理、生态损害赔偿程序是否合法完善。佛山市生态环境局通过与检察机关密切配合，高质高效推动案件办理，有效追偿违反法律规定造成生态环境损害的损失和费用，对环境违法犯罪形成高压震慑。

（6）专家点评

本案中，办案部门及时对市民反映的违法行为跟进调查，将有关情况通报同级检察机关并商请支持磋商工作，发挥检察机关法律监督者、公益代表者职能作用，塑造了形成生态环境治理法治合力的实践样板。（广东省人民检察院三级高级检察官　晏恒）

6.2　多部门通力合作，形成案件办理强大助力

6.2.1　肇庆市刘某、罗某倾倒危险废物生态环境损害赔偿案

本案是广东省首宗经司法确认的生态环境损害赔偿磋商案件，也是广东省高级人民法院发布的环境资源司法保护十大典型案例之一，案件的成功办理充分凸显磋商机制对快速修复受损生态环境的功效。

（1）线索来源

2019 年 12 月至 2020 年 3 月，肇庆市生态环境局广宁分局接到群众举报后，通过多次现场走访调查发现，刘某及罗某将属于危险废物的工业污泥交由龚某等人非法倾倒在广宁县某镇，共计 854.32 t。肇庆市生态环境局广宁分局随即将该案件移送公安机关，并经赔偿权利人肇庆市人民政府指定，肇庆市生态环境局同步启动了生态环境损害索赔工作。

（2）调查评估

经鉴定评估，倾倒区生态环境损害事实明确，受损土壤方量合计约

936 m^3，此次倾倒事件造成的生态环境损害数额共计 235.9 万元。基于评估区域内的土地利用类型、周边区域用地属性及修复技术经济适用性的考虑，此次倾倒事件可采用技术成熟、成本偏低、景观效果好的土壤植物修复技术修复受损土壤。

（3）磋商情况

2020 年 7 月，经过肇庆市生态环境局、市县两级人民检察院、镇政府与赔偿义务人的三轮磋商，肇庆市生态环境局与赔偿义务人成功签订赔偿协议，赔偿义务人当场支付了鉴定评估费用，生态环境损害修复所需费用由赔偿义务人自行支付给对受损生态环境进行修复的第三方机构。

2020 年 8 月，肇庆市生态环境局与赔偿义务人向广宁县人民法院申请司法确认。法院审核资料后当即受理，同年 9 月 4 日在《人民法院报》公告了相关内容，同年 10 月 10 日正式发出《民事裁定书》。

（4）修复及赔偿情况

2020 年 7 月，赔偿义务人与第三方公司签订技术修复合同，在生态环境部门和检察机关的督促下，在赔偿协议规定的时间内对受损生态环境启动修复工程。涉案危险废物已被清运处置，倾倒区域已复绿。

（5）经验启示

首用“司法 + 行政”模式，有力保障生态修复。非法倾倒危险废物事件发生后，赔偿权利人指定部门与赔偿义务人经磋商达成赔偿协议，人民法院通过司法确认赋予赔偿协议强制执行效力，更快捷地处理生态环境损害纠纷，有利于提高生态环境损害赔偿及修复的效率。

“行—检—刑”紧密协作，建立长效工作机制。前期，行政机关、公安机关协同锁定证据、抓捕犯罪嫌疑人；后期，生态环境部门、检察机关、基层政府共同参与磋商，最终形成了“危险废物运清、损害查清、责任分清、赔偿付清”的良性局面。肇庆市通过出台《关于协同推进生态环境损害赔偿制度与检察公益诉讼制度衔接机制》（肇检会〔2020〕6 号），将生态环境损害赔偿协议履行情况作为司法机关量刑的重要参考因素，在实践中探索了“政检共治、多方协同”的生态治理路径，凝聚了更强大的生态治理法治合力。

充分走好群众路线，助力赔偿义务人认定。确定具体赔偿义务人是开展生态环境损害赔偿磋商的基础。非法倾倒危险废物类案件由于作案隐蔽，查明赔偿义务人难度较高。该案通过群众举报，获得环境违法行为线索，办案部门通过走访村委、涉事场地所有人和附近群众，锁定无头案件关键信息，顺藤摸瓜。案发地居民在发现异常车辆、提供有效信息、认定赔偿义务人等方面发挥了重要作用。

（6）专家点评

本案磋商过程中，市县两级检察机关受邀全程参与，在合理确定赔偿责任、优化赔偿方案等方面提供专业指引。同时结合本案办理经验，肇庆市建立健全了生态环境损害赔偿与检察公益诉讼衔接机制。司法确认是赔偿协议得到履行的法律保障，广宁县人民法院通过对赔偿协议效力进行审查后作出司法确认，有效节省了行政和司法资源，对赔偿义务人主动认识其行为错误及社会危害性，进而自愿履行赔付义务都有相当的积极意义。（广东省高级人民法院三级高级法官　强弘）

6.2.2　肇庆市广宁县倾倒固体废物生态环境损害赔偿案

本案的办理过程环环相扣，各部门密切协作，形成高效合力，为案件线索排查及证据固定争取了主动权。肇庆市生态环境局在磋商过程中主动探索“多方共治”的生态治理路径，邀请人大代表和政协委员积极参与、建言献策，起到积极的示范作用。

（1）线索来源

2020 年 6 月，肇庆市生态环境局广宁分局执法人员在日常巡查过程中发现某省道附近堆放固体废物。检测后发现涉案固体废物的镍、铜、镉、锌等重金属含量严重超标。肇庆市生态环境局立即通报属地政府并请公安部门提前介入调查。同月，涉案团伙再次倾倒固体废物时被一举控制。

（2）调查评估

经市政府指定，肇庆市生态环境局启动生态环境损害索赔工作。经鉴定，涉案污泥属于危险废物。2020 年 8 月，肇庆市生态环境局协调有资质处理单位对涉案污泥进行清理处置，并邀请检察机关现场见证。经评估，本次倾倒事件评估区域内的土壤环境已经受到损害，生态环境损害量化数额共计 129 万元。

（3）磋商情况

2020 年 11 月举行的第三次磋商会议上，肇庆市生态环境局与赔偿义务人就磋商内容达成一致，赔偿义务人同意支付 129 万元赔偿金，并当场与有修复资质的第三方机构签订修复合同，承诺在赔偿协议规定的时间内开展修复工程。肇庆市生态环境局与赔偿义务人按赔偿协议规定共同向广宁县人民法院申请司法确认。

（4）修复情况

涉案危险废物已完成清理处置，涉案场地已复绿。

（5）经验启示

多方联动协调，形成强大合力。案发后，肇庆市生态环境局调动广大基层干部和群众参与案件调查，并与公安部门密切配合，迅速排查锁定涉案人员身份。磋商前，肇庆市生态环境局多次与赔偿义务人沟通，宣传有关政策法规，告知赔偿义务人积极参与生态环境损害赔偿磋商、及时履行赔偿协议的情况将作为人民法院刑事审判的量刑参考情节之一，调动了赔偿义务人的磋商积极性。磋商会议上，不仅有公安部门、检察机关、人民法院等多个单位部门提出意见和建议，而且有人大代表和政协委员积极参与、建言献策，形成“信息共享、案件共商、生态共治、成果共享”的良好局面。

（6）专家点评

广东省经济发达、企业众多，危险废物产生量较大，追究造成生态环境损害的危险废物违法犯罪行为的损害赔偿责任是生态环境损害赔偿工作重点之一。本案中，生态环境主管部门、公安机关和检察机关高效利用“两法衔接”机制顺利推动案件事实的确定和案件证据的固定，为高效开展生态环境损害赔偿工作打下坚实基础。（广东省高级人民法院三级高级法官　强弘）

6.3 科学开展损害鉴定评估，为定损追责打牢基础

6.3.1 中山市某环保科技有限公司非法倾倒废水及污泥生态环境损害赔偿案

本案是《中山市生态环境损害赔偿制度改革实施方案》出台以来，首宗磋商成功的生态环境损害赔偿案件，为中山市生态环境损害赔偿改革工作起到示范性作用。

（1）线索来源

中山市某环保科技有限公司为中山市重点排污单位。2015—2018 年，该公司通过私设的暗管将废水及污泥偷排至洪奇沥水道。经采样检测，涉案公司经私设暗管排放的废水及污泥中含有多种重金属污染物，涉嫌严重污染环境。

（2）调查评估

2021 年 3 月，经广东省环境科学研究院鉴定评估，涉案公司共计排放污水量约 27 000 t，排放污泥量约 207 000 t，该案通过虚拟治理成本法量化生态环境损害，得出非法倾倒废水及污泥造成的生态环境损害数额总计 371 万余元。

（3）磋商情况

2021 年 5 月，经赔偿权利人中山市人民政府指定，中山市生态环境局向涉案公司发出生态环境损害赔偿磋商建议书。同年 7 月，在检察机关的释法说理和监督下，中山市生态环境局与涉案公司现场签署了生态环境损害赔偿协议，双方就生态环境损害赔偿的数额、履行方式及期限等问题达成一致，并共同向中山市第一人民法院申请司法确认。同年 9 月，中山市第一人民法院确认协议有效。涉案公司现已按照协议约定，分六期完成赔偿款的支付。

（4）经验启示

协调联动，形成强大法治合力。本案中，行政主管部门与司法部门的良好互动保障了案件的快速推动。前期，检察机关通过发送检察建议书的形式，

将赔偿案件线索移送生态环境部门。后期，生态环境部门主动邀请检察机关进行监督、指导，促成磋商协议的签订，引导企业积极履行生态环境保护主体责任，营造“环境有价、损害担责”的社会氛围。

分期赔付，确保责任履行到位。中山市生态环境局对赔偿义务人情况进行综合研判，同意涉案公司分期赔付，并讨论确定了分期付款范围、分期时限等，在落实赔偿责任的同时考虑到企业生存发展，让生态环境监管执法兼具“力度”与“温度”。同时，本案通过司法确认赋予磋商协议强制执行力，有效保障赔偿金额按时付清、企业履行赔偿义务到位。

（5）专家点评

本案亮点在于充分运用“两法衔接”工作机制，助推生态环境损害赔偿工作规范化，检察机关通过发送检察建议的方式，将赔偿案件的线索告知生态环境部门，实现了生态环境损害赔偿与检察公益诉讼案件线索的有效衔接。在案件办理过程中，中山市人民检察院跟进监督，有效推动了本次生态环境损害赔偿磋商的成功。另外，办案部门也充分考虑疫情因素，同意企业分期赔付，既保障了赔偿款可以落实到位，又兼顾了赔偿义务人的实际财产和经营状况，推动市场主体有序合法经营。（广东省人民检察院三级高级检察官　晏恒）

6.3.2　中山市某建筑工程公司超标排放水污染物生态环境损害赔偿案

本案是广东省首宗启用简易鉴定评估与磋商程序的案件，具有良好的示范和引领作用。

（1）线索来源

2021 年 7 月，中山市某建筑工程公司在施工作业期间，将产生的泥水混合物直接排入河涌，被执法人员现场抓获。经检测，河涌悬浮物浓度超过广东省《水污染物排放限值》（DB44/26—2001）排放标准的 23.1 倍，涉嫌污染地表水环境。

（2）调查评估

2021 年 10 月，中山市生态环境局与涉案公司共同委托 3 位专家开展简易生态环境损害鉴定评估工作。经鉴定，该事件造成的生态环境损害数额共计 12 万余元。

（3）磋商情况

2021 年 11 月，中山市生态环境局向涉案公司发出生态环境损害赔偿磋商建议书，双方就赔偿数额、履行方式和期限等达成一致，签署了《生态环境损害赔偿协议》，并共同向中山市第一人民法院申请司法确认。该公司已全额支付赔偿款。

（4）经验启示

抢抓“新机遇”，探索简易程序。本案探索创新了简易鉴定评估与赔偿磋商程序，在 2 周内通过专家出具鉴定评估意见的形式完成了简易鉴定评估工作，并在启动赔偿程序后 2 个月内签订了赔偿协议。简易程序的启用，缩短了办案时间，降低了办案成本，最终促成了生态环境损害赔偿案件办理效率与效果的双赢。

用好“智囊团”，建立专家库。为确保中山市生态环境损害赔偿工作高效运行，中山市生态环境局牵头成立本市生态环境损害鉴定与修复效果评估专家库，遴选了省内 42 名专家形成“智囊团”，为深入打好污染防治攻坚战提供坚强的技术支撑。

引入“监护人”，加速磋商赔付。中山市人民检察院对专家出具的简易鉴定评估意见进行了认真细致的审查，并派员全程参与磋商会议，围绕赔偿数额、履行方式、证据认定标准、社会评价等焦点进行说理释法，高效推动双方就赔偿数额达成一致意见，并现场监督双方签署赔偿协议。

（5）专家点评

《生态环境损害赔偿管理规定》第二十条规定：“对损害事实简单、责任认定无争议、损害较小的案件，可以采用委托专家评估的方式，出具专家意见；也可以根据与案件相关的法律文书、监测报告等资料，综合作出认定。”

鉴于本案事实简单且清晰、污染责任及因果关系明确、损害后果不严重，不存在相关争议，当地生态环境部门在现行制度框架下，积极探索生态环境损害赔偿简易程序，同时中山市生态环境部门对本案积极介入、全程指导、协调专业机构及人员，推动简易程序案例实践，缩短了办案时间、提高了办案效率、降低了办案成本，是广东省开展生态环境损害赔偿制度改革工作以来，通过简易程序的方式完成生态环境损害赔偿工作的首宗案例，对于各地针对特定类型生态环境损害案件调查处置方式的探索具有较高参考价值。

（广东省固体废物和化学品环境管理中心副主任、正高级工程师　叶脉）

6.4　探索磋商技巧，推动赔偿义务人积极担责

6.4.1　广州市王某等人非法处置危险废物生态环境损害赔偿案

本案是广州市首宗经司法确认生态环境损害赔偿协议有效的案件，本案有效节约了行政和司法资源，对推动赔偿义务人主动认识行为错误、牢固树立生态环境保护意识具有积极的意义。

（1）线索来源

2020 年 7 月，广州市生态环境局会同公安机关调查发现，王某等在无营业执照、未取得环评审批手续及危险废物经营许可证等情况下，非法从事废金属油桶拆解工作。广州市生态环境局依法将该案件移送公安机关，并同步启动了生态环境损害赔偿工作。

（2）调查评估

2020 年 11 月，经广东省环境科学研究院鉴定评估，王某等对涉案场所土壤环境造成的损害事实明确，土壤受损害总面积约为 91.9 m^2，污染土壤体积约为 11.8 m^3，环境污染损害数额总计 33 万余元。

（3）磋商情况

2021 年 2 月，广州市生态环境局向王某等发出《生态环境损害赔偿磋商告知书》，因王某等已被刑事拘留，故其书面回复同意开展磋商并授权律师办理。2021 年 4 月，广州市生态环境局与赔偿义务人代理律师签署了《生态环

境损害赔偿协议》，双方就赔偿数额、清理处置费用及方式、修复效果评估费用等达成一致。

（4）修复情况

2021 年 7 月，广州市生态环境局与赔偿义务人共同向广州市中级人民法院申请司法确认，法院依法裁定本案《生态环境损害赔偿协议》有效。王某等已按照协议履行相应责任，广州市生态环境局正在组织专家评估修复效果。

（5）经验启示

首宗司法确认，强化司法保障。本案通过司法确认赋予赔偿协议强制执行效力，如赔偿义务人拒绝履行或者未全部履行的，广州市生态环境局可以向人民法院申请强制执行，从而促使赔偿义务人积极履行协议，及时清理、处置现场污染物，有效修复受损土壤环境，以司法手段为磋商效果“保驾护航”。

耐心说理释法，提升普法效果。磋商过程中，赔偿义务人一度认为自己已被追究刑事责任，不应再承担生态环境损害赔偿责任。广州市生态环境局从生态环境损害赔偿制度的改革设计理念、“环境有价、损害担责”的政策导向、《中华人民共和国民法典》等法律法规的责任规定，深入细致地阐明造成生态环境损害的赔偿义务人须承担赔偿、修复责任，最终获得赔偿义务人及其代理律师的理解和认可。

探索简易程序，优化工作流程。本案因涉及土壤环境损害调查及修复工作，导致鉴定评估成本相对较高，不利于此类小型生态环境损害赔偿案件的磋商达成和高效办理。为此，广州市生态环境局在梳理学习其他先进地方经验的基础上，研究制定了符合广州市实际情况的简易鉴定评估与赔偿磋商程序，不断细化完善生态环境损害赔偿制度体系，达到了“以案促建”的良好效果。

（6）专家点评

案件磋商过程中充分体现了办案部门的专业素养，在赔偿义务人认为自身已被追究刑事责任、不应再承担生态环境损害赔偿责任之时，办案部门通过耐心说理释法，最终取得了赔偿义务人的理解与认可，以金钱赔付与环境修复相结合的方式达成赔偿协议，避免简单赔钱了事的情况发生。

生态环境损害赔偿案件的磋商过程考验政府部门的辨法析理能力，当政府部门与侵权人经磋商达成赔偿协议，则案件无须通过诉讼环节即可开展环境修复工作，有利于及时、高效修复受损环境。广州市生态环境局对本案的处理符合生态环境侵权案件的处理原则，有力推动了当地生态文明建设。（广东省高级人民法院三级高级法官　强弘）

6.4.2　河源市东源县 4 企业非法倾倒危险废物生态环境损害赔偿案件

本案是一宗典型的违法处置危险废物导致的生态环境损害赔偿案件。针对涉案危险废物量大、涉案赔偿义务人数量多的办理难点，河源市生态环境局发挥法律、技术力量支撑作用，厘清案件事实、合理分配责任，推动案件磋商成功，对复杂案件的办理具有较大的借鉴价值。

（1）线索来源

2020 年 9 月，河源市生态环境局东源分局接群众举报反映东源县某地块有非法倾倒的不明固体废物，立即组织执法人员、监测人员前往现场调查。涉案现场倾倒有数堆固体废物，散发少量刺激性气味，扣押的 3 辆货车装载的尚未倾倒的固体废物。同年 10 月，当地镇政府委托第三方机构对案发现场固体废物进行属性鉴别，确认现场倾倒的部分固体废物以及 3 辆货车装载的尚未倾倒的固体废物为危险废物。案件移送东源县公安局立案侦查。河源市生态环境局东源分局指导当地镇政府通过覆膜遮蔽、四周挖排洪沟以防止雨水冲刷导致二次污染事件，于同年 12 月清理转移现场倾倒的危险废物和被污染土壤 9 290 余 t。

（2）调查评估

经鉴定评估，本案生态环境损害数额合计 2 059.97 万元。东源县公安局联合河源市生态环境局于 2021 年 8 月前往东莞市对倾倒的废物进行溯源调查，后移送东源县检察院审查起诉。根据公检部门的检察结论，涉案危险废物的产生单位是东莞市 4 家五金制品加工相关企业，4 家企业分别将危险废物违法转移给朱某甲、朱某乙、赵某某、曾某等不具有危险废物处理资质的人员处置。

（3）磋商情况

2021 年 11 月，经河源市人民政府同意，河源市生态环境局启动本案磋商工作。2022 年 1 月，河源市生态环境局组织赔偿义务人、鉴定评估机构线上召开第一次磋商会议，并邀请法院、检察院、镇政府参加。因赔偿义务人对倾倒危险废物的数量、应当承担的赔偿金额存在分歧，第一次磋商会议陷入僵局，未达成协议。

针对第一次磋商会议上提出的焦点问题，河源市生态环境局向案件调查和应急处置人员、东源县人民检察院办案人员和参与本案的鉴定评估机构专家了解案件办理细节，争取支持，并就焦点问题分别与法律顾问和河源市人民检察院进行讨论，立足《中华人民共和国民法典》等法律和相关司法解释将影响责任分配的案件事实厘清，同时积极向赔偿义务人普法，鼓励积极担责，做通赔偿义务人思想工作。2022 年 9 月，河源市生态环境局召开第二次磋商会议，会上针对焦点问题充分阐明案件事实、磋商方案理由和依据，并提供鉴定评估机构出具的书面情况说明，邀请参与本案鉴定评估的专家现场答疑解惑，消除赔偿义务人的思想疑虑，磋商取得成功。2022 年 9 月至 2023 年 3 月，河源市生态环境局与本案赔偿义务人分别签订赔偿协议，并对分期履行的赔偿协议共同申请司法确认。

（4）修复及赔付情况

经过清理处置，现场环境风险源已经消除，土壤样品检测结果显示相关指标均未超出《土壤环境质量　农用地土壤污染风险管控标准（试行）》（GB 15618—2018）中的农用地土壤污染风险管控标准。经河源市生态环境局和属地镇政府工作人员现场核查，涉案地块在清理完成后已复绿。截至 2023 年 10 月，赔偿义务人已赔付 1 467 万元。

（5）经验启示

精准溯源，为落实“应赔尽赔”打牢基础。《生态环境损害赔偿管理规定》第八条规定：“违反国家规定，造成生态环境损害的单位或个人，应当按照国家规定的要求和范围，承担生态环境损害赔偿责任，做到应赔尽赔。”《中华人民共和国固体废物污染环境防治法》第八十条规定："禁止无许可证或者未按照许可证规定从事危险废物收集、贮存、利用、处置的经营活动。禁止将危险废物提供或者委托给无许可证的单位或者其他生产经营者从事收集、贮存、利用、处置活动。"固体废物污染类案件中，基于全链条打击的原则，违反法律规定造成损害结果的责任人都要承担赔偿责任，包括但不限于固体废物的生产者、销售者、使用者、介绍人、倾倒人等。本案中，东源县公安局联合河源市生态环境局对涉案危险废物的产生单位和介绍人精准溯源，避免只追究倾倒人的责任而因倾倒人赔付能力不足导致追偿不到位。

法律与技术有机结合，精细划分责任。涉及多个赔偿义务人的生态环境损害赔偿案件，责任划分是妨碍磋商成功的"拦路虎"。《最高人民法院关于审理生态环境侵权责任纠纷案件适用法律若干问题的解释》第二十五条规定："两个以上侵权人污染环境、破坏生态造成他人损害，人民法院应当根据行为有无许可，污染物的种类、浓度、排放量、危害性，破坏生态的方式、范围、程度，以及行为对损害后果所起的作用等因素确定各侵权人的责任份额。"本案中，第一次磋商会议因赔偿义务人对责任划分存在异议而未能磋商成功。对于争议焦点，河源市生态环境局借助法律和技术力量，通过确定共同故意以及各赔偿义务人违法转移、倾倒危险废物的数量精细划分责任，并邀请法律顾问和鉴定评估机构专家为磋商会议保驾护航，促使赔偿义务人认可责任划分并推动赔偿协议的成功签订，为同类案件的办理树立了典范。

（6）专家点评

本案中，对于涉及多个赔偿义务人磋商难、责任区分难的问题，河源市生态环境局厘清工作思路、改进磋商技巧、加强普法宣传、强化技术支撑和部门协作多措并举，以事实为依据，以法律为准绳，最终推动了磋商成功和赔偿责任的清晰划分，为办理同类案件提供了样板。（广东正平天成律师事务所律师　朱雁）

6.4.3 清远市清新区马某非法倾倒危险废物污染环境生态环境损害赔偿案

本案是一起成功探索“积极履行生态环境损害赔偿责任＋纳入刑事审判量刑情节考虑”实践的典型案例，生态环境部门通过与公安、检察院和人民法院密切联络，把握好磋商时机，推动形成有效清理、有效追责、有效索赔、有效宣传的良好局面，为类案的办理提供了可复制的经验。

（1）线索来源

2019 年 7 月，清远市生态环境局根据群众举报，查实清新区某乡道旁空地被倾倒两堆蓝色固体废物，现场未采取防扬散、防渗漏等污染防治措施。

（2）调查评估

经属性鉴定，涉案固体废物均为危险废物，其中一堆重 12.22 t，另一堆重 13.28 t（由本案案外人倾倒，已另案处理）。属地镇人民政府及时清理涉案危险废物至某公司暂存，并于 2020 年 2 月委托第三方公司对涉案危险废物进行无害化处置。

（3）磋商与诉讼情况

因涉嫌刑事犯罪，该案依法移送至公安机关侦办。经侦查，确定马某为本案责任人，于 2020 年 10 月被依法逮捕。同年 12 月，检察机关向人民法院提起公诉。清远市人民政府同意由清远市生态环境局负责本案生态环境损害索赔工作。同月，清远市生态环境局与马某家属及马某的代理律师开展磋商，经清远市生态环境局释法说理、对相关费用进行详细说明，双方就磋商内容达成一致并签订赔偿协议。2020 年 12 月，经人民法院审理，判决马某犯污染环境罪，判处有期徒刑七个月，缓刑一年六个月，并处罚金人民币 20 000 元。

（4）赔偿情况

马某于赔偿协议签订当天支付生态环境损害赔偿费用 12.63 万元，并于一周内在《清远日报》第三版刊登致歉声明，检讨过错并向公众致歉。

（5）经验启示

趁热打铁，把握最佳磋商时机。本案中，赔偿义务人因涉嫌刑事犯罪被检察机关提起公诉，其本人及家属希望通过参与磋商、承担生态环境损害赔偿责任以获得刑事从宽处理。在了解到赔偿义务人的磋商意愿后，经赔偿权利人同意，清远市生态环境局在刑事判决前迅速组织开展磋商会议，深入释法明理，极大提升赔偿义务人一方承担生态环境损害赔偿责任的积极性。磋商成功后，清远市生态环境局及时将磋商和赔付情况通报检察机关和人民法院，赔偿义务人履行赔偿协议的情况被纳入刑事审判的量刑情节考量，对鼓励类案赔偿义务人积极履责具有积极的示范意义。

（6）专家点评

本案将当事人对生态环境损害赔偿责任的履行作为刑事判决的量刑情节，充分贯彻落实《生态环境损害赔偿管理规定》第十一条“赔偿义务人积极履行生态环境损害赔偿责任的，相关行政机关和司法机关，依法将其作为从轻、减轻或者免予处理的情节”的规定，为宣扬“环境有价、损害担责”理念树立实践样板。（广东省高级人民法院三级高级法官　强弘）

6.5　审慎适用惩罚性赔偿，提高违法成本

6.5.1　广州市某药业有限公司非法倾倒固体废物生态环境损害赔偿诉讼案

本案涉及解决人民群众反映强烈的土壤、地表水污染等突出环境问题，是广东省首宗适用《中华人民共和国民法典》惩罚性赔偿条款的生态环境损害赔偿诉讼案件，也是广州市首宗开庭、判决的生态环境损害赔偿诉讼案件，在丰富索赔实践方面完成了有益探索。

（1）线索来源

2020 年，广州市生态环境局执法过程中发现广州市某药业有限公司涉嫌违法倾倒填埋废弃药渣造成土壤等环境损害，涉嫌环境污染犯罪。广州市生

态环境局依法将案件移送广州市公安局侦办，经赔偿权利人广州市人民政府同意后，同步启动了生态环境损害索赔工作。

（2）调查评估

2020 年 6 月，经广东省环境科学研究院鉴定评估，该公司涉嫌倾倒的固体废物总量约 2 387 t，对下方土壤和地下水环境造成明确损害，生态环境损害数额共计 79 万余元。

（3）磋商情况

2020 年 12 月，广州市生态环境局向该公司发出《生态环境损害赔偿磋商告知书》，督促其就生态环境损害赔偿、修复等事宜进行磋商。由于该公司的法定代表人戴某涉嫌犯罪被羁押在看守所，经协调，由公安机关协助送达《生态环境损害赔偿磋商告知书》，并反馈戴某手写的书面回复意见，该公司表示对污染情况不知情且损害赔偿一事与其无关。因此，双方磋商不成。

（4）诉讼情况

2021 年 4 月，由于双方磋商不成，广州市生态环境局作为原告依法向广州市中级人民法院提起生态环境损害赔偿诉讼，除了提出判令该公司承担生态环境损害费用 79 万余元（消除污染、修复受损土壤、事务性费用）及公开赔礼道歉等常规诉请外，还依照《中华人民共和国民法典》规定，首次在该领域提出由被告承担惩罚性赔偿的诉请。对于惩罚性赔偿的数额计算，参考其他领域有关法律规定，以鉴定评估量化的环境修复费用 5.687 5 万元为基数，诉请 3 倍的惩罚性赔偿共计 17.062 5 万元。2021 年 11 月，法院一审判决支持全部诉请。

（5）经验启示

首宗开庭诉讼，下好“先手棋”，打好“组合拳”。作为广州市首批提请诉讼、首宗开庭审理的案件，生态环境部门高度重视。前期主动作为，多次踏勘现场，确保了各项保护现场、保全证据措施落实到位，并在开庭审理时由分管局领导出庭参加；后期攻坚克难，与公安部门形成工作合力，确保磋商通知书的送达和反馈，保障了案件顺利推进。

首试律师参与，注入生态环境损害赔偿“强心针”。在案件办理的过程中，广州市生态环境局委托法律顾问全程参与，运用其法律专业特长，对案件证据、程序、法律适用等方面进行严格把关，确保案件办理事实清楚、证据确凿、适用法律正确、程序合法，为实践生态环境损害赔偿进一步夯实法律基础。

首提“惩罚性赔偿”，让“违法者痛到不敢再犯”。《中华人民共和国民法典》第一千二百三十二条规定“侵权人违反法律规定故意污染环境、破坏生态造成严重后果的，被侵权人有权请求相应的惩罚性赔偿”。此为民法典新增条款，体现了“绿色民法典”的特色。本案是广东省首宗适用《中华人民共和国民法典》惩罚性赔偿条款的生态环境损害赔偿案件。该公司非法倾倒填埋固体废物造成环境损害的事实明确，在执法部门检查后，仍未立即清运、处置现场的污染物，也不积极配合开展磋商，未及时减轻消除所造成的生态环境损害，其行为主观上存在恶意。综合考虑其过错程度、污染物种类、污染环境的方式及范围、侵权行为所造成的后果、案件的社会影响等因素，法院支持原告惩罚性赔偿诉请，此举是贯彻落实“环境有价，损害担责”理念的实践探索。

（6）专家点评

本案在处理过程中，充分体现了执法者的专业素养和法律意识。首先，案例处理及时，固定了犯罪证据，移交公安机关侦办后，同步启动了生态环境损害索赔工作；其次，处理过程合法且高效，律师全程把关，确保合法合规，尤其磋商过程中，与公安机关建立联动机制，确保磋商告知书及时送达和有效反馈；最后，根据惩罚性赔偿有关法律规定，以超过基线水平的土壤恢复至基线水平的量化环境修复费用为基数，诉请3倍的惩罚性赔偿，是落实民法典规定的有效举措，起到警示和震慑作用，这也是本案最值得总结的地方。（广东省高级人民法院三级高级法官　强弘）

6.5.2　中山市某铜业有限公司违法排放废水生态环境损害赔偿案

本案是一宗典型的超标排放导致生态环境损害案件，生态环境损害赔偿与检察公益诉讼协同推进，优化磋商手段，充分发挥基层政府作用，针对具有主观恶意的违法生态环境损害行为探索开展了生态环境损害惩罚性赔偿，具有一定的借鉴意义。

（1）线索来源

2021 年 8 月，中山市生态环境局发现某铜业有限公司直接向外环境排放大量未经处理的生产废水和清洗废水。经调查，该企业涉嫌通过私设暗管逃避监管的方式排放水污染物，2013 年 9 月至 2021 年 9 月多次将未经处理废水（总计达 7 613 t）直排或经下水道偷排至厂房外围下水道，最后废水流入附近明渠，造成严重生态环境损害。

（2）调查评估

经广东省环境科学研究院鉴定，该案造成的生态环境损害数额达 126.87 万元。

（3）磋商情况

考虑到该案涉案企业违法时间长，在执法人员发现违法行为后仍顶风作案，主观故意，性质恶劣，中山市生态环境局与检察机关根据相关法律法规，在磋商环节对案件进行研判，提出顶格 2 倍追讨该企业生态环境损害惩罚性赔偿，最终赔偿义务人承担造成的生态环境损害赔偿 126.87 万元和惩罚性赔偿 235.74 万元，累计赔偿 362.61 万元。

（4）修复情况

根据赔偿协议，赔偿义务人履行了损害赔偿金及惩罚性赔偿共计 362.61 万元的赔付。中山市生态环境、水利等部门正在组织编制水环境综合治理修复方案，计划开展替代修复。

（5）经验启示

主张惩罚性赔偿，严惩恶意污染环境违法企业。该案涉案企业违法时间长，在执法人员发现违法行为后仍顶风作案，主观故意，性质恶劣。该案适用惩罚性赔偿，让恶意侵权人付出应有的代价，具有惩罚、震慑、遏制和预防不法行为等多重作用，以惩促改促防。

多方紧密协作，生态环境损害赔偿与检察公益诉讼协同推进。中山市生态环境局充分利用自动监控科技手段，精准投放执法资源，充分发挥“两法衔接”机制，加强与公安机关在生态环境领域的联动，在案件调查办理过程中同步开展损害索赔工作。在检察机关刑事附带民事公益诉讼立案后的公告期间，案件办理部门及时告知损害赔偿案件启动情况，商请协作。检察机关适时中止民事公益诉讼，提供刑事案件证据、参与磋商，为生态环境损害索赔工作提供法律支持并监督案件办理，赔偿协议签订后检察机关终结该案件审查。

优化磋商手段，充分发挥基层政府作用。属地镇政府的参与，一方面深化与企业沟通交流与引导进程，另一方面稳企安商，形成有效的互动机制。检察机关和律师的参与，提供了法律支持。通过引导和教育使赔偿义务人充分认识到违法行为的严重性及其应当承担的责任和后果，最终积极承担损害赔偿责任。

（6）专家点评

该案是一起典型的生态环境损害刑民互动案件，通过同步依法追究违法企业的刑事、行政和生态环境损害赔偿责任，严惩了违法排放污水行为。

在案件办理中，部门联合履职、多方协同行动的协同模式，大大提升了磋商效率，并保证了磋商效果。生态环境部门与公安机关合作开展损害调查，破解了生态环境损害鉴定难题，为依法追究生态环境损害责任创造有利条件。同时，生态环境部门还邀请检察机关参与磋商，请其提供法律支持并监督案件办理，通过检察机关能动履职和部门间密切沟通，确保刑事追责与生态环境损害赔偿同步推进。此外，该案注重发挥属地政府、律师等主体的作用，引导赔偿义务人承担责任。

该案值得深入探讨之处还在于惩罚性赔偿的适用。该案是《最高人民法院关于审理生态环境侵权纠纷案件适用惩罚性赔偿的解释》实施以来，广东省首宗经由磋商促成的生态环境损害惩罚性赔偿案件，为类案办理提供了有益探索和经验借鉴。惩罚性赔偿是数额超出实际损害数额的赔偿，目的是对具有主观恶意的侵权行为人在一般赔偿之外进行加重赔偿的惩罚。该案涉案企业长期进行偷排，具有主观故意，性质恶劣且造成严重后果，适用惩罚性赔偿可依法提高环境违法成本，使实施生态环境损害行为的恶意行为人付出应有的代价。此外，适用惩罚性赔偿也有助于预防和遏制不法行为，以惩促改促防，将生态文明法治建设的制度优势有效地转化为治理效能。（中国政法大学教授　于文轩）

6.6　紧盯受损生态环境修复，推动修复到位

6.6.1　惠州市某公司矿场复绿工程生态环境损害赔偿案

本案是惠州市在首宗矿山治理修复过程中违法超量填埋污泥引发的生态环境损害赔偿案件。惠州市生态环境局在生态环境损害赔偿工作推进机制、生态环境损害调查、赔偿案件办理效率、矿山治理修复过程监管等方面积累了较好的经验，该案的办理对加强矿山治理修复的生态环境监管具有参考价值。

（1）线索来源

2020 年 9 月至 12 月，惠州市博罗县某村附近村民反映，村内矿山复绿工程存在大量填埋污泥以及废气污染问题，惠州市生态环境部门随即开展线索核查。

（2）调查评估

经调查，填埋的污泥来源于某有机肥生产公司，该公司受属地镇政府委托，组织实施矿场治理及周边林地土壤改良项目。自 2020 年 10 月起，该公司违法将大量疑似城市生活污水处理厂半干化污泥倾倒至矿场内。经鉴定评估，并参照《城镇污水处理厂污泥处置　林地用泥质》（CJ/T 362—2011）规定的林地施用污泥量控制标准，本案填埋涉及区域约 2.35 hm^2，年施用污泥量应不超过 70.5 t，而涉案现场填埋污泥量超过 9 000 t，污泥施用量严重超额。

（3）磋商和修复情况

经惠州市人民政府指定，2022 年 6 月，惠州市生态环境局博罗分局与赔偿义务人进行磋商，磋商会议召开当天即签订生态环境损害赔偿协议，赔偿义务人于协议签订当天全额支付生态环境损害赔偿金合计 103.2 万元。损害调查期

间，赔偿义务人已将涉案矿山复绿区域的超量填埋污泥清理运回本公司处置。经对清理完成的涉案场地土壤进行检测，土壤样品相关检测指标均未超标。

（4）经验启示

加强矿山修复监管，因地制宜开展损害调查。矿山的生态环境系统较为复杂，不规范的治理修复不但无法消除采矿对生态环境造成的损害，还会对原本脆弱的矿山生态环境系统增加污染，因此矿山复绿过程中需要加强监管。此外，矿山区域面积广、地形复杂，对于矿山复绿过程中非法超量填埋污泥引发的生态环境损害赔偿案件，需要在不对矿山生态环境系统造成进一步破坏的前提下科学开展采样分析。本案中，鉴定评估机构立足涉案矿山情况，参照标准、规范，科学布点采样，最终确认了填埋区域的土壤环境质量状况及超量填埋情况，为定损追责打下良好基础。

（5）专家点评

本案是矿山复绿过程中非法超量填埋污泥引发的生态环境损害赔偿案件。城镇污水处理厂污泥用于矿山复绿虽符合一般固体废物资源化利用方向，但超量使用依然导致生态环境损害，施用污泥的质量及污泥施用量符合标准、规范是关键。办案部门在发现非法填埋情况后，及时委托具有资质的鉴定评估机构确定损害事实和污染特征，在案件调查和修复过程中，高效推动生态环境损害赔偿协议签订，并实现从调查采样到依法依规治理修复的全流程监管，最终顺利完成了受损生态环境的恢复，对合法合规处理城镇污水处理厂污泥具有较好的引导和警示作用。（广东省固体废物和化学品环境管理中心副主任、正高级工程师　叶脉）

6.6.2　东莞市某集团股份有限公司违法处置固体废物生态环境损害赔偿案

本案是东莞市首宗通过修复效果评估合格的案件，为东莞市加强受损生态环境的修复监管提供了实践样板。

（1）线索来源

2019 年 12 月，东莞市生态环境局接到群众反映，某集团股份有限公司涉嫌在生产厂址北侧空地违法填埋固体废物，东莞市生态环境局随即联合莞城分局执法人员开展现场执法和调查取证。根据询问调查笔录，该集团股份有限公司员工张某某、谢某某承认于 2018 年 6 月在厂址北侧空地填埋污泥和废渣。

（2）调查评估

经鉴定评估，本案非法填埋固体废物的总面积约为 820 m^2，填埋的固体废物重量为 250 余 t，非法填埋区域土壤中铜、锌等特征污染物的检测结果超过土壤背景值，环境污染损害数额总计 116 万余元。

（3）修复情况

2020 年 8 月，涉案公司根据鉴定评估报告和东莞市生态环境局要求编制了《涉案地块生态环境恢复实施方案》，并根据方案开展涉案固体废物清运和受损生态环境修复工作，东莞市生态环境局莞城分局全过程监督清运和修复工作。同年 10 月，涉案地块填埋的固体废物清运完毕。采样检测结果显示，涉案地块土壤监测结果达到修复目标值，环境风险得到有效降低。

（4）磋商情况

2020 年 12 月，东莞市生态环境局与赔偿义务人磋商成功并签订生态环境赔偿协议，协议明确了以下内容：一是赔偿义务人已实际支付案件事务性费用、环境损害鉴定评估费用；二是赔偿义务人已自行清运、处置涉案固体废物并承担相应费用，修复效果已经评估合格，对于上述费用，赔偿权利人不再向赔偿义务人追偿；三是赔偿义务人还需支付土壤未修复至基线水平的损害量化金额，合计 7 万余元。赔偿义务人已完成赔偿款的缴纳，本案顺利结案。

（5）经验启示

打好“主动仗”，及时固定证据。生态环境损害证据具有变化性等特征，东莞市生态环境局在案件调查初期即邀请鉴定评估机构协助采样，及时固定案件证据，为后续确定赔偿义务人的责任和开展索赔打下良好基础。

打开“加速器”，优化案件办理思路。及时有效修复受损生态环境是生态环境损害赔偿制度的出发点和落脚点。本案中，东莞市生态环境局没有拘泥于磋商成功后再赔偿及修复的常规案件办理思路，而是结合案件实际，围绕修复受损生态环境这一关键点，积极引导赔偿义务人开展自行修复，并在赔偿协议中明确赔偿义务人已履行的责任和待履行的责任。东莞市生态环境局通过优化案件办理思路，高质高效推动案件成功办理。

（6）专家点评

“环境有价、损害担责”是生态环境损害赔偿制度改革的基本原则，及时修复受损生态环境并确保修复责任落实是该项工作的重要内容。在本案办理过程中，当地生态环境部门对照《广东省生态环境损害赔偿工作办法（试行）》等制度相关要求，及时组织专业技术单位开展环境损害鉴定评估工作，督促责任方编制涉案地块生态环境恢复实施方案，并在当地生态环境部门的监督下迅速组织开展受损生态环境修复工作，修复完成后再通过第三方专业机构开展效果评估，确保涉案地块填埋的固体废物全部清运处置，受损生态环境修复效果合格。

本案通过市镇两级生态环境部门的上下联动、第三方专业机构的全程介入，以及环境损害担责方修复责任的切实履行，较好地破解了“企业污染、群众受害、政府买单”的痛点，规避了责任落实不到位、部门联动不足等常见问题，践行了通过生态环境损害赔偿制度工作“让损害者担责、使受损害的生态环境得到有效修复”的根本初衷，具有较好的示范意义。（广东省固体废物和化学品环境管理中心副主任、正高级工程师　叶脉）

6.6.3 东莞市望牛墩镇黎某、谢某倾倒固体废物生态环境损害赔偿案

办案部门在推进本案磋商过程中，立足“应赔尽赔”原则，并考虑赔偿义务人意愿，确定磋商策略和责任承担方式，做通赔偿义务人思想工作，并通过“强监管”推动清理工作高效高质完成，充分彰显生态环境损害赔偿磋商高效、灵活的优势。

（1）线索来源

2021 年 9 月，东莞市生态环境局接到群众举报，望牛墩镇某空地堆放有

固体废物。经查，涉案空地面积约为 2 300 m^2，2012 年 12 月由谢某中标承包，谢某于 2013 年 12 月将该地块转租给黎某。

（2）调查评估

经调查，该案发生后，涉案区域土地丧失了原有农用地的利用价值，土壤结构发生变化。涉案空地填埋深度大约 3.5 m，填埋体积约为 4 477 m^3，填埋的固体废物主要为含建筑垃圾的杂填土、造纸废渣、废塑料、废胶袋及生活垃圾，不属于危险废物。

（3）磋商情况

东莞市生态环境局根据涉案固体废物情况、赔偿义务人的经济能力以及修复意愿，将磋商方案确定为赔偿义务人自行清理修复。2022 年 5 月召开的第二次磋商会议上，东莞市生态环境局与赔偿义务人达成一致并签订赔偿协议。涉案固体废物的清理和转运由赔偿义务人自行委托第三方公司开展。

（4）修复情况

2022 年 8 月，东莞市生态环境局组织第三方开挖核验，涉案固体废物已清理完毕，经检测，涉案地块的土壤已基本达到修复目标要求。

（5）经验启示

全过程监督指导，切实推动修复到位。赔偿不是目的，使受损的生态环境得到切实修复才是生态环境损害赔偿制度的初衷。对于由赔偿义务人自行修复或者委托第三方开展修复的案件，修复目标的达成需要通过有关部门加强监督管理予以保证。本案中，东莞市生态环境局派员全程监督涉案固体废物的清理和涉案场地的修复，并对赔偿义务人签订的合同、转运的台账记录、土壤的采样检测报告等材料均予以核查，不仅关注修复目标的达成，也重视清理修复流程的规范性，为做好修复监督管理探索了东莞经验。

（6）专家点评

本案在磋商过程中，东莞市生态环境局考虑到赔偿义务人造成的生态环境损害较小、修复难度较低以及赔偿义务人客观经济状况等因素，提出由赔偿义务人在其监督下利用自身便利条件自行清运涉案固体废物的方案，在落实监督主体责任的同时充分调动了赔偿义务人的积极性，加快了生态环境损害修复进程，大大节省了行政和司法成本，是开展生态环境损害赔偿灵活磋商、鼓励赔偿义务人自觉完成修复的一次有益探索和实践。（广东省固体废物和化学品环境中心副主任、正高级工程师　叶脉）

6.7　探索多样化替代修复，提升修复社会效应

6.7.1　深圳市某生物工程有限公司倾倒化工品造成土洋河水体污染生态环境损害赔偿案

本案是深圳市首宗探索及开展替代修复并完成修复效果评估的案件，也是深圳市实施生态环境损害赔偿制度以来，首宗出具环境损害司法鉴定意见书的地表水环境损害类案件。

（1）线索来源

2018 年 8 月，深圳市生态环境部门执法人员会同公安部门、水务部门在深圳市大鹏新区某生物工程有限公司院内，发现其倾倒化工品并对土洋河河流水质、水生态系统造成了破坏，导致土洋河水生态服务功能降低，执法人员立即开展了应急监测和环境损害司法鉴定工作。

（2）调查评估

经深圳市大鹏环境损害司法鉴定所评估，该案对土洋河河流水质、河流水生态系统造成了破坏，并导致土洋河水生态服务功能降低，此次事件造成的环境损害价值总计 46 万余元。

（3）磋商情况

2021 年 4 月，深圳市生态环境局大鹏管理局会同龙岗区人民法院、龙岗区人民检察院、广东海洋大学深圳研究院及自然资源部第三海洋研究所等多家单位，针对该公司的环境违法行为造成的生态环境损害，在该市首次探索及开展了替代修复措施，实现生态环境损害前后的动态平衡，并签订了生态环境损害赔偿协议及替代修复合同。广东海洋大学深圳研究院受委托在大鹏湾海域开展珊瑚种植工作，种植珊瑚 1 000 株并保证成活率 75% 以上，修复

过程中由龙岗区人民法院、龙岗区人民检察院、大鹏管理局、自然资源部第三海洋研究所联合进行修复监督、评估。

（4）修复情况

2021 年 9 月，根据合同要求，自然资源部第三海洋研究所开展了现场调查工作，并采集相关样品进行监测分析，同年 10 月再次进行现场跟踪监测，评估发现珊瑚成活率为 82%，符合合同验收要求。同年 11 月，龙岗区人民法院、深圳市生态环境局大鹏管理局组织专家、有关单位对替代修复项目进行验收，各方代表一致同意该项目通过验收。

（5）经验启示

走出“新天地”，创新替代修复机制。以磋商模式探索替代修复，根据深圳海洋经济特点以及大鹏湾区域环境和海岸带实际情况，综合考虑替代修复方案的经济性、合理性及可行性等因素，最终确定替代修复措施，为生态环境损害赔偿责任履行丰富修复方式、加强惩戒功能、保护公共环境利益提供实践经验和示范参考。

善打“整体战”，创新专业力量全链条服务体系。由环境损害司法鉴定机构科学评估环境损害程度，在替代修复技术方面突出由多方专家参与，为替代修复方案可行性、科学性提供技术支撑，并邀请专家通过专业技术判断，对修复方式、修复过程、修复结果等提出具体意见，充分发挥专业力量对生态环境损害鉴定评估与修复效果评估评审的技术支持作用。

坚持“一盘棋”，创新“执法＋司法＋监督”联动机制。发挥环境资源法庭的民事、刑事和行政案件“三合一”审判专门化法庭优势，不断加强刑事司法与生态环保领域行政执法、公益诉讼与生态环境损害赔偿改革的衔接，形成人民法院与多部门联动机制，打造特色环保法治链条，筑牢环境资源保护法治屏障。

打破“小格局”，创新多维监督机制。本案从磋商、签订到实施和评估的全过程都由生态环境部门、审判机关、检察机关、专业技术评估机构等多部门联合监督，各部门密切协作，不断加大生态环境资源司法保护力度，形成生态环境修复监督的“大格局”。

（6）专家点评

本案从执法调查、司法鉴定、赔偿磋商、修复实施到效果评估的全过程，由生态环境部门、审判机关、检察机关、专业技术单位联合推进，体现了生态环境损害赔偿工作“各司其职、有效衔接、强化协调、一体联动”的新格局，对各地推进生态环境损害赔偿工作具有积极借鉴意义。

《生态环境损害赔偿管理规定》（环法规〔2022〕31号）第九条规定：“生态环境损害无法修复的，赔偿义务人应当依法赔偿相关损失和生态环境损害赔偿范围内的相关费用，或者在符合有关生态环境修复法规政策和规划的前提下，开展替代修复，实现生态环境及其服务功能等量恢复。”本案结合当地海洋生态环境保护工作实际需求，以种植具有极高生态价值和科研价值的珊瑚作为本案替代修复方式，并在修复和验收阶段积极引进第三方专业力量进行把关，确保替代修复工作达到预期效果，为维护公众环境利益提供了生态环境损害赔偿替代修复的“深圳经验”。（广东省固体废物和化学品环境中心副主任、正高级工程师　叶脉）

6.7.2　广州市某五金塑料公司废水泄漏生态环境损害赔偿案

本案是“以案促改”完善制度及推动广州市生态环境损害赔偿改革走实走深的重要案例，对本地开展生态环境损害赔偿与检察公益诉讼衔接工作具有较大的参考价值。

（1）线索来源

2019年9月，广州市某五金塑料公司因喷淋塔抽水泵故障，导致喷淋废水泄漏形成积水。广州市生态环境局依法对该公司进行行政处罚，责令改正并处罚款80万元，并同步启动了生态环境损害索赔工作。

（2）调查评估

2020年12月，经鉴定评估，喷淋塔废水泄漏对涉案场所土壤、地下水造成损害事实明确，造成环境污染损害数额共计76万余元。

（3）磋商情况

2021年5月，广州市生态环境局与涉案公司进行磋商并就以下内容达成赔偿协议：一是涉案公司分期赔偿；二是委托第三方清运、处置受污染土壤；三是在原地建设小型生态主题公园，以改善受损地块生态环境。

（4）修复情况

赔偿义务人已完成三期赔偿金的支付，并委托第三方完成了污染土壤危险特性鉴别检测，将该部分土壤开挖暂存并联系处置单位清运；已编制《生态恢复公园设计方案》，明确了小型生态主题公园实施要求，涉案公司已按照《生态恢复公园设计方案》开展小型生态主题公园建设工作。

（5）经验启示

"生态绿"携手"检察蓝"，维护生态环境公共利益。本案中，涉案公司认为其已受到行政处罚，不应再承担损害赔偿责任。磋商会议上，检察机关就法律适用、责任认定等内容提出专业意见，有效消除赔偿义务人疑虑，推动赔偿协议的顺利签署。在此案基础上，广州市检察机关与生态环境部门联合印发了《关于加强生态环境损害赔偿与检察公益诉讼衔接机制的实施意见（试行）》，共同推动生态文明体制改革进一步落地见效。

清运处置"搭配"主题公园，创新生态环境损害赔付方式。本案中，除了常规的清运、处置受污染土壤外，对于超过基线水平但无须采取专门修复措施的受损土壤和地下水环境，涉案公司自愿采取原地建设小型生态主题公园的方式进行恢复，为创新生态环境损害赔付方式提供了有效实践和有益探索。

行政责任"叠加"民事责任，促进生态环境保护警钟长鸣。涉案公司在生产经营过程中的一次疏忽导致超标废水泄漏，不仅受到行政处罚，还需承担清理、处置、修复等责任，教训极为深刻，同时也倒逼涉案公司对生产设备、治理设施进行全面检查和升级改造，消除环境污染风险隐患，进一步增强了企业法治观念和生态环境保护意识，有助于促进企业向更高质量发展。

（6）专家点评

《中华人民共和国民法典》第一千二百三十四条规定："违反国家规定造成生态环境损害，生态环境能够修复的，国家规定的机关或者法律规定的组织有权请求侵权人在合理期限内承担修复责任。"《生态环境损害赔偿制度改革方案》明确规定："赔偿义务人因同一生态环境损害行为需承担行政责任或刑事责任的，不影响其依法承担生态环境损害赔偿责任。"也就是说，实施环境违法行为的单位或个人除了承担应有的行政责任或刑事责任外，因污染环境、破坏生态，还要承担生态环境损害赔偿责任。

本案是一宗设备故障引起的生态环境损害案件，在磋商过程中，检察机关、生态环境部门充分发挥职能作用，引导企业积极履行生态环境损害赔偿责任，确保了受损生态环境的及时有效修复，同时也为广州市出台专门文件建立生态环境损害赔偿与环境公益诉讼衔接机制提供了实践参考。（广东省人民检察院三级高级检察官　晏恒）

6.7.3　深圳市某建筑劳务公司非道路移动机械超标排放大气污染物生态环境损害案

本案是广东省首宗通过购买碳普惠核证减排量进行替代修复的案例，构建生态环境损害替代修复与碳普惠衔接新机制，为有机结合绿色低碳发展与生态环境损害赔偿工作打造了"深圳样板"。

（1）线索来源

2022 年 5 月，深圳市生态环境局罗湖管理局执法人员对某工地的非道路移动机械排气污染物进行检测，检测报告显示，该工地内的旋挖钻机排放的尾气排气烟度不合格。

（2）调查评估

经调查，涉案旋挖钻机由某建筑劳务公司使用。深圳市生态环境局罗湖管理局结合有关材料对损害事实、受损范围和程度开展损害调查工作，委托专家对损害情况进行评估，本次事件造成的生态环境损害价值总计 24 502.5 元。

（3）磋商情况

2022 年 9 月，深圳市生态环境局组织召开磋商会议，并邀请深圳排放权交易所等单位列席。经磋商，深圳市生态环境局与某建筑劳务公司达成一致并签订赔偿协议，约定赔偿义务人将损害赔偿金全额通过深圳碳排放现货交易系统购买碳普惠核证减排量，并予以注销进行替代修复。

（4）修复情况

2023 年 8 月，赔偿义务人在碳普惠项目上线后及时将损害赔偿费用足额购买碳普惠核证减排量并进行了注销。

（5）经验启示

“以碳代偿”，开拓替代修复新路径。《生态环境损害赔偿管理规定》第九条规定：“生态环境损害无法修复的，赔偿义务人应当依法赔偿相关损失和生态环境损害赔偿范围内的相关费用，或者在符合有关生态环境修复法规政策和规划的前提下，开展替代修复，实现生态环境及其服务功能等量恢复。”本案中，深圳市生态环境局认真落实《广东省碳普惠交易管理办法》要求，创新试行“以碳代偿”开展生态环境损害替代修复，开拓了替代修复的新思路。

（6）专家点评

本案办案部门将赔偿义务人支付的赔偿金用于支持社会公众广泛参与节能减排活动，推动形成绿色低碳的生活方式。既丰富了生态环境损害赔偿责任履行方式，也考虑了赔偿义务人清除污染和修复生态环境的经济性、合理性及可行性，实现了法律效果与社会效果的有机统一。（广东省人民检察院三级高级检察官　晏恒）

附录　惠州市生态环境局　中级人民法院　人民检察院　公安局　自然资源局　住建局　水利局　农业农村局　林业局　城管执法局关于加强行政司法联动推进生态环境损害赔偿的实施意见

各县、区人民政府，市政府各部门、各直属机构：

为深入学习贯彻习近平生态文明思想，完整、准确、全面贯彻新发展理念，切实解决人民群众关注强烈的生态环境损害问题，促进生态环境损害赔偿与检察公益诉讼相互支持，助推生态　环境损害赔偿与司法程序有力衔接，根据《生态环境损害赔偿管理规定》《惠州市生态环境损害赔偿工作方案》《惠州市全面推进生态环境损害赔偿“1+4+N”实施方案》等文件精神，制定本实施意见。

一、案件受理

1. 因与造成生态环境损害的赔偿义务人，经磋商未达成一致或者无法进行磋商的，指定部门、机构可以提起生态环境损害赔偿诉讼。

2. 承担生态环境和资源保护职责的指定部门、机构可以作为原告提起生态环境损害赔偿诉讼。

其中，环境污染损害等导致的生态环境损害赔偿案件由生态环境部门负责，违法用地、非法探矿和采矿等导致的生态环境损害赔偿案件由自然资源部门负责，城镇排水、城镇生活污水污泥处理处置等导致的生态环境损害赔偿案件由住建部门负责，农业生态环境、生物资源损害等导致的生态环境损害赔偿案件由农业农村部门负责，河流、湖库管理范围内非法水资源开发利用、河道采挖、水土流失等导致的生态环境损害赔偿案件由水利部门负责，林地及其监督管理的风景名胜区、自然遗产、自然保护区、森林公园等自然保护地及自然保护地内湿地的林业生态环境损害赔偿案件由林业部门负责，城市生活垃圾、建筑垃圾处理处置导致的生态环境损害赔偿案件由城管执法部门负责。

3. 造成生态环境损害的单位或者个人是生态环境损害赔偿诉讼的适格被告，应当按照国家规定的要求和范围，承担生态环境损害赔偿责任，做到应赔尽赔。

多个赔偿义务人共同造成生态环境损害，部分义务人经磋商达成一致、部分义务人经磋商未达成一致或无法磋商的，可以以该部分义务人为被告提起生态环境损害赔偿诉讼。

二、案件管辖

4. 生态环境损害赔偿案件管辖法院为市中级人民法院。

5. 市直指定部门、机构承办的生态环境损害赔偿案件，双方达成赔偿协议的，依法向市中级人民法院申请司法确认。

县区指定部门、机构承办的生态环境损害赔偿案件，双方达成赔偿协议的，依法向各县区人民法院申请司法确认。

三、生态环境损害鉴定评估

6. 当事人委托具备环境司法鉴定资质的鉴定机构或符合条件的第三方机构出具的鉴定意见、检验报告、检测报告、评估报告等，经当事人质证并符合证据标准的，可以作为认定案件事实的根据。

7. 对损害事实简单、责任认定无争议、损害较小的案件，委托市地级及以上政府及其部门、人民法院、人民检察院成立的相关领域专家库或者专家委员会专家，按照相关技术规范要求出具的专家评估意见，或根据与案件相关的法律文书、监测报告等资料，综合作出的认定意见，经当事人质证并符合证据标准的，可以作为认定案件事实的根据。

四、生态环境损害替代修复

8. 对涉嫌造成生态环境损害的行政违法案件，赔偿义务人积极履行生态环境损害赔偿责任，主动消除或者减轻生态环境损害结果的，应当在作出行政处罚裁量时依法予以减轻或从轻处罚。

9. 对需要追究刑事责任的，赔偿义务人积极履行生态环境损害赔偿责任，主动消除或者减轻生态环境损害危害结果的，可以作为量刑建议的重要参考。

人民检察院在办理审查涉资源环境合规案件时，应当将生态环境修复或损害赔偿情况作为涉案企业合规审查的重点内容，并依法作出不批准逮捕、变更强制措施、不起诉的决定。

10. 受损生态环境能够修复的，人民法院应当依法判决义务人承担修复责任；无法修复或无法完全修复的，人民法院根据具体案情判决义务人承担生态环境赔偿金等费用。

11. 鼓励采取环境综合治理、环境质量改善、生态环境修复、环境绿化美化、植树造林以及碳汇赔偿等方式开展生态环境损害替代修复。

五、生态环境修复监督

12. 指定部门、机构负责执收生态环境损害赔偿协议确定的生态环境损害赔偿资金；人民法院负责执收由人民法院生效判决确定的生态环境损害赔偿资金。生态环境损害赔偿资金作为政府非税收入，实行国库集中收缴，全额上缴赔偿权利人指定部门、机构的本级国库，纳入一般公共预算管理，统筹用于在损害结果发生地开展的生态环境修复相关工作。

13. 按照“谁承办、谁监管、谁评估”的工作原则，指定部门、机构应当加强对赔偿义务人生态环境修复责任履行情况进行监督、评估；必要时，可以邀请人民法院、人民检察院参与生态环境修复情况的监督、评估。

14. 赔偿义务人生态环境修复情况以及赔偿金使用情况等应当依法向社会公开，并接受社会监督。

强化公众参与，鼓励各职能部门或机构建立生态环境修复项目储备库或设立生态岛、生态林等生态环境损害赔偿示范基地，并引导公众通过网络投票等方式参与评选修复项目进行生态环境修复。

六、关于发挥检察监督作用

15. 人民检察院在履职中发现属于指定部门、机构应当依法办理的生态环境损害线索，可以移送承担相应职能的指定部门、机构进行索赔追偿；指定部门、机构筛查出生态环境损害线索，因确有困难无法开展索赔的，应当作为检察公益诉讼案件线索移送人民检察院，并书面说明不能开展生态环境损害赔偿的理由。

16. 指定部门、机构应当根据任务分工，及时开展生态环境损害赔偿案件索赔。同时，人民检察院将通过履行公益诉讼职责监督行政机关依法行政。

17. 指定部门、机构应当依法依规与赔偿义务人开展磋商，涉及刑事犯罪案件的相关赔偿协议等材料同时抄送人民检察院；人民检察院可派员参加磋商，提供法律意见建议。

18. 经磋商未达成一致或者无法进行磋商的，指定部门、机构依法提起生态环境损害赔偿诉讼时，可以商请人民检察院采取提供法律意见或派员出庭等方式支持起诉；人民检察院在提起生态环境民事公益诉讼或刑事附带民事公益诉讼案件时，指定部门、机构在调查取证、业务咨询、技术鉴定等方面提供协助。

七、深化行政司法协调联动

19. 指定部门、机构会同人民法院、人民检察院等相关部门可以根据工作需要定期召开联席会议，通报生态环境损害赔偿诉讼和检察公益诉讼开展情况，分析存在的问题，研究工作措施。

（后文略）